韓国1964年
創価学会の話

CHO SUNG YOUN
趙誠倫 著

KIM MI JEONG
金美廷 訳

論　創　社

日本語版刊行にあたって

創価学会は日本で生まれ育ち、最も多くの会員が日本にいます。韓国では在日韓国人が中心となって布教が行われ、今では日本の次に多くの会員が活動しています。そのような点で韓国の宗教と言えるでしょう。

韓国社会ではプロテスタントはもちろん、仏教、カトリック信者の間で創価学会は「異端」、「似非宗教」、または「異様な宗教」との烙印を押されています。その上、宗教者でない人たちもそのような偏見で創価学会を見ています。私は学生時代、教会の牧師たちが創価学会を非難する説教を聞いたことがありました。私は創価学会がなぜそのような非難を受けるのか理由を知らないまま、長い間、「創価学会＝異端」と思い込んで過ごしてきました。私が創価学会を研究するきっかけになったのは、勤務していた済州大学と創価大学が一九九八年に交流協定を結んだことでした。二〇一三年には在日韓国人と創価学会についての本を出しましたが、この過程で一九六四年に韓国で創価学会に対する布教禁止措置が下されたことを知りました。

一九六四年一月に韓国政府は創価学会の会員に布教禁止命令を出しました。朴正熙《パク・チョンヒ》政権が創価学会を弾圧したのは当時の日韓会談と深い関係があります。朴政権は韓国国民に自分たちが民族主義志向の強い政権だと宣伝するために創価学会を利用しました。政府は国民の反日感情を煽りながら、一方では日本からの経済援助を受け日韓協定を結びました。

一九六四年に発生した韓国政府の創価学会布教禁止事件は、もう六〇年も前の話になりました。韓国社会はもはや軍事独裁政権が支配する時代ではありません。民主化が進み、今は仏教の僧侶やプロテスタントの牧師たちもむやみに創価学会を非難しません。そして若い世代は一九六〇年代に韓国で起こった事件のことを知らないのです。

韓国で創価学会は成長を重ねて今では約二〇〇万近い会員を有しています。プロテスタント、仏教、カトリックに次いで四番目に規模の大きい宗教になりました。しかし韓国社会では今も反日感情が強く、それが簡単には消えないままでいます。

私はこの本を二〇一九年に書きました。その当時、韓国は文在寅《ムン・ジェイン》政権、日本は安倍政権で、韓国と日本の外交関係はあまりよくありませんでした。そこで私は一九六五年に結んだ日韓協定を全面的に見直す時が来たと述べました。かつての帝国主義者と植民地住民の関係ではなく、今は韓国と日本の市民が対等な交流を通じて意思疎通する時代になりました。

私はこれからの日韓関係の未来は韓国と日本の民間交流にかかっていると思います。すでに韓国と日本はお互いに活発な交流をしています。韓国の人たちは日本の文学、漫画、アニメが好きです。日本の人たちは韓国の大衆音楽、映画が好きで韓流ブームが起きました。これと共に学術界、宗教界など多様な分野でもさらに交流しなければなりません。特に北東アジアの平和を望む韓国と日本の民主的な市民が力を合わせる努力が必要です。

コロナの時期を経て、今は両国の政治指導者も変わりました。韓国では尹錫悦《ユン・ソンニョル》政権が発足し、日本では岸田政権が発足しました。両国政府ともに市民からあまり支持されていないのが実情です。尹錫悦政権は、これまで対立してきた第二次世界大戦時期の強制動員労働者（日本では徴用工という用語を使う）賠償問題を韓国政府が引き受けると約束しました。そして慰安婦合意もそのまま履行すると述べています。日本のメディアはこうした尹錫悦大統領の発言を受け入れ、韓日関係が良くなったと評価し、韓国のメディアは大統領の発言に憤慨しています。両国が心から協力し、友好国になることはできないのでしょうか。

私は日本と韓国の二国間におけるアメリカの軍事的介入こそ、今後も新たな問題を引き起こすものとみています。尹錫悦大統領は非常に親米的で、韓日米の軍事協力を中心に軸を作り出しています。岸田首相もアメリカとの協力強化を打ち出しています。そのため日韓関係も良くなっているように見えます。しかし、尹錫悦大統領と岸田首相が作った協力関係は、アメリカを中心に彼らの間の政治的利害関係が合致して作り出した一種の蜃気楼に過ぎません。

世界の主導権はイギリスからアメリカ、そして中国へと誰も予想できなかった速度で急速に移動しています。アメリカはこのような変化を防ぐために日本と韓国を利用しています。沖縄を中心に南西諸島に次々と設置されるミサイル基地、済州《チェジュ》島を中心に建設される海軍基地と空軍基地がその危機を示しています。今や韓国と日本はアメリカに盲目的に追従することをやめ、北東アジアの平和のために協力する道を作らなければなりません。これは市民の役目です。

市民同士の相互のコミュニケーションや交流協力が活発になり、平和のための活動を幅広く展開すれば、韓国や日本の政府もこれに従うことができるでしょう。

私は、一九五七年九月に横浜の三ツ沢競技場で、創価学会の第二代会長である戸田城聖氏が最も重要な遺訓として核兵器の廃絶を若者に託したことを知っています。また一九六〇年代と一九七〇年代に創価学会青年部が展開した反戦平和運動も知っています。東北アジアがかつてないほど危機的状況に陥っている今、創価学会の役割が重要だと思います。軍事独裁政権の弾圧に耐えて成長した韓国と日本の創価学会の会員が、これまで培ってきた反戦平和運動の経験をもとに、二一世紀の平和運動をリードすることを期待しています。この日本語版の出版によって、韓国の創価学会の会員が一九六四年に経験したことを日本の読者と共有できることは私の喜びです。悪い歴史が繰り返されないように、一緒に歴史の車輪を押していくことを願っています。

二〇二四年四月三〇日

済州島にて　趙誠倫

韓国１９６４年 創価学会の話　目次

第一章　新しい国で豊かに暮らそう

1　一九六四年、韓国の経済開発計画

この本の草稿を読んだ知人たちは一九六四年という年が題名に入っているのを見て、異口同音にタイトルを変えた方が良いと言った。朝鮮戦争が起こった一九五〇年ではなく、ソウルオリンピックが開催された一九八八年でもない、一九六四年には特別な歴史的事件がないというのだ。あえて「一九六四年」を使うより、読者の好奇心をかきたてるような題名が良いことは納得できた。それでも金承鈺《キム・スンオク》の有名な小説『ソウル１９６４年冬』（三一書房）を思い浮かべる読者がいるだろうと「一九六四年」にこだわる私に、金承鈺の小説を知っている人はいても、権力とか宗教といったこの研究書には関心がないだろうと知人は言った。この本を読んで助言してくれた人たちとの席で出た結論は、題名から内容まで、この本は読者の注目を引くことはできないということだった。それでも私は「一九六四年」を本の題名にしたかった。

私の妻の父は一九六四年に結婚してその年の冬に妻が生まれた。義父は大韓民国の一番南の有名な観光地である済州島の貧しい農村で農業を営み、家業を立て直した。年老いた義父は若い頃の貧乏話をするのが好きで、ひとたび自慢話に火が付くと自分の生きてきた時代を延々と振り返った。小学校しか卒業していない義父が人生の教科書として尊敬する人は朴正煕元大統領である。

朴正煕は一九一七年に日本の植民地時代の朝鮮で生まれた。出世を目指して満州国陸軍軍官学校に入学した。日本の陸軍士官学校卒業後には日本軍の陸軍中尉になった。終戦後は韓国の軍人になり一九六一年に軍事クーデターを起こして一九六三年から一九七九年まで韓国の大統領を務めた。義父が朴正煕にあこがれたのは、貧乏から抜け出す、豊かに生きるという朴正煕のメッセージが農村の若い青年の希望になったからだ。朴正煕は新しい村（セマウル）を作ろうという近代化運動を地域社会開発運動で発展させた。セマウル運動は一九七〇年代から始まって今もその名残があり、韓国の経済発展の核心でもあった。

一九七〇年代のセマウル運動当時、義父は村の開発委員になり施設園芸の作目班長を担った。村の会館からは朝夕に村の放送が流れた。「豊かになろう」という歌を聞きながら、彼は畑と家を行き来し、勤勉と誠実が実を結んで、ついに貧しさから抜け出すことができた。私は韓国のセマウル運動と農業近代化の生き証人として彼の話を興味深く聞いている。

義父は朴正煕の経済開発五カ年計画とセマウル運動のことをよく話した。特に貧困から抜け出したくて朴正煕の経済開発五カ年計画をまねて立てた自分の「経済開発五カ年計画」を誇らしく語る。「経済開発五カ年計画」は朴正煕の国家運営方針だった。大統領の経済開発計画は、農業以外に選択肢のなかった貧しい若者のロールモデルになったのだ。

　義父の個人史を聞いてみると、私は義父がセマウル時代の農民として朴正煕と共に同じ時代を生きたのだと感じた。貧しい済州島の農民が新しい家庭を築いた一九六四年と、貧しい国の大統領として新しい国を作り続けようとした朴正煕の一九六四年は絶妙に絡み合う。

　一九六四年は第三共和国〔訳注：朴正煕政権下での一九六三～七二年までの政治体制。〕開始後、朴正煕が本格的に国政を始めた年だ。その年、多くの事件が起こった。歴史として記憶される事件もあるが、今では忘れられた事件も多い。大きく扱われはしたものの、歴史的意味が把握されないまま過ぎ去ったことも多かった。私はこの本で、一九六四年に韓国で起こったものの、その後忘れられたことの一つを取り上げる。それは国家が特定の宗教に対して布教禁止命令を下した事件である。その事件の根底には、反日感情と、類似宗教に対する韓国社会の文化的な特徴があった。私はこの事件を通じて、朴正煕が大統領になって国政を運営し始めた一九六四年はどのような時代であり、その時の国家権力は国民をどのように扱い、大韓民国をどのような方向に導いたのか、そしてその時代に起こったことが今の私たちにどのような意味を持つのかを考えてみたい。

2　第三共和国の始まり

一九六三年、大統領選挙に当選した朴正煕の大統領就任式が一二月一七日に行われた。だが、年末の静かな雰囲気の中で過ごした第三共和国の政府は一九六四年になってようやく活動を始めた。その意味では一九六四年は大韓民国の第三共和国が本格的に発足した年だった。この年に始まった朴正煕の統治は、一九七九年一〇月二六日、大統領の死去で幕を閉じるまで一六年間続いた。その最初のボタンをどのようにはめたのかを知ることは、朴正煕政権の性格を理解する上で重要だ。

第二次世界大戦の終戦後、朝鮮半島には北緯三八度線を境界に北にはソ連軍、南には米軍が進駐した。北朝鮮ではソ連の支援を受けて一九四六年二月に北朝鮮臨時人民委員会が組織され、南ではアメリカの支援と国連の決定により南側だけの国会議員総選挙が一九四八年五月に実施された。選出された国会議員が集まって七月一七日に大韓民国憲法を制定し、国会で大統領を選出して八月一五日に第一共和国〔訳注：一九四八年の大韓民国樹立から一九六〇年の四月革命までの政治体制。〕が発足した。

一九五〇年代からは大統領直選制に変わるが、当時は国会で大統領を選出する間接選挙だった。南北の分断により統一政府を樹立することはできなかったが、第一共和国は、長い間中世の王政に慣れていた韓民族が王政を脱して憲法を制定し、立法、司法、行政の三権分立を基に作った最初の近代国家だった。だがその出発は順調ではなかった。一九四五年八月一五日の日本の植民地支配からの解放後、三八度線以北にはソ連軍が、以南には米軍が入ってきて軍政を敷いた。

北側にはソ連が支持する金日成《キム・イルソン》グループが社会主義政権を樹立した。

一方、南側では米軍政が実施された状況で様々な政治勢力が角逐を繰り広げた。米軍政は社会主義勢力の台頭を許さず、結局、韓国政治から社会主義勢力は除外された。一九四八年の総選挙後の大韓民国樹立は、李承晩に代表される親米勢力と日本の帝国主義に協力した行政官僚や警察官、そして地主勢力の手に委ねられた。

大韓民国が発足した一九四八年、済州島では「四・三事件」が起こった。四・三事件とは一九四七年から一九五四年まで済州で韓国の軍隊と警察が社会主義勢力の抵抗を鎮圧する過程で三万人以上の住民を大量虐殺した事件である。四・三というのは一九四八年四月三日、漢拏山《ハルラサン》武装隊が各地の警察署を一斉に襲撃したことから名称が付けられた。

全羅南道の麗水《ヨス》・順天《スンチョン》地域では、一般的に「麗水・順天事件」と呼ばれる軍の反乱が起こった。麗水と順天地域に駐屯していた韓国軍が四・三事件を鎮圧せよとの派遣命令を拒否したことで起こった事件である。

一九五〇年には同じ民族同士が銃を向け合う内戦が起こった。一九五〇年六月二五日に始まったこの朝鮮戦争を経験した大韓民国の国民は大きな苦痛を受けた。さらに大きな問題は、初代大統領の李承晩が絶対権力の行使を求めたために生じた。彼は自分が必要とする度に憲法を改め、警察と暴力団を動員して不正選挙を行ない、権力を維持した。大統領の地位は、朝鮮王朝の君主の延長線上にあった。そのため、第一共和国の政治は近代国家の体裁を整えていなかった。

その意味では一九六〇年に起きた「四・一九革命」は、遅ればせながら韓国の民主主義が出発したことを知らせる号砲となった。四・一九革命は、李承晩政権の不正腐敗を糾弾するために学生と市民が立ち上がったものだった。四・一九革命後、李承晩政権は国民に降伏し、新大統領に尹潽善《ユン・ボソン》が当選して第二共和国が誕生した。尹潽善は大統領になる前は国会議員とソウル特別市市長を務めた。

第二共和国は、韓国の地で共和政を実験する最初の政権だった。ところが第二共和国は定着する前に、一九六一年の軍部クーデターによって一年で幕を閉じた。これは「五・一六軍事政変」と呼ばれる朴正熙のクーデターだった。

一九六一年五月に登場した軍事革命委員会が行政と警察を掌握した。一方では政府の査察機関である中央情報部を設置して政界を掌握、統制した。朴正熙をはじめとする青年将校たちは、経済開発による近代化を最優先目標に掲げ、豊かな暮らしをしようと国民に説いた。彼らは軍服を脱ぎ、民間人として選挙に立候補し国会議員選挙と大統領選挙に勝利した。一九六三年には朴正熙が大統領になり、青年将校出身者が作った共和党が議会の多数党になった。民主政治ではなく軍部独裁政治の始まりだった。

3　日韓会談を望んだ李承晩

一九六一年の軍政初期から、朴正熙勢力は日本と交渉して経済開発資金を調達しようとした。そのため、クーデターを成功させた直後から、李承晩政権の時に中断していた日韓会談を再開しようとした。一般的に日韓会談といえば、日韓基本条約が締結された一九六五年を思い浮かべるが、日韓両国間の会談は朝鮮戦争の真っ最中だった一九五二年の李承晩大統領の時代から始まった。李承晩政権は政府樹立直後から日本と通商関係を結びたがっていた。李承晩大統領は、政府樹立直後の一九四八年一〇月二二日に発表した声明で、「私は日本と韓国に正常な通商関係が再確立することを希望する。我々は過去を忘却すべきであり、また忘却できる。もし日本人が韓国人に本心で接するなら、友好関係は一新されるだろう」〔原注1〕と述べた。

反日政策を強力に推進したといわれる李承晩だが、この声明では、日本に対する「過去三六年間の植民地支配の謝罪」や「賠償」を要求しなかった。友好増進のために「過ぎたことは忘れるので、今後仲良く過ごしましょう」と温かい言葉をかけたのだ。なぜこのような声明を発表したのだろうか。

一九四八年の政府樹立当時、韓国経済はアメリカの援助に全面的に頼っていた。それがもどかしかった李承晩は、日本からも経済的な援助を得られるのではないかと期待した。植民地として支配された過去を忘れるとまで言いながら積極的に手を差し出したのだが、日本からは何の反応もなかった。当時、日本の政治家は韓国と交渉する考えはなかった。終戦後にアメリカは日本を占領して軍政を実施した。だがアメリカは日本の天皇制を維持させ、戦犯者に免罪符を与え、戦前の保守支配勢力に戦後の日本の統治を任せた。第二次世界大戦のすべての戦争責任を免除する代わりに、共産主義を防ぐ任務を日本に任せた。それとともに「アメリカのパートナー」という幻想を植え付けた。アメリカは日本に平和憲法を作らせる一方、自衛隊の創設を指示した。これにより日本の政治家たちは、韓国と中国に対する植民地支配の責任を感じなくなった。戦争で占領して苦痛を与えたアジア各国に対する謝罪と反省はもとより、戦争責任による賠償にも背を向けてやり過ごした。

アメリカの仲介で一九五二年から開かれた日韓会談の席上、韓国代表は侵略と植民地支配に対する謝罪と損害賠償を日本に要求したが、日本代表は植民地支配を謝罪しなかった。彼らは植民地支配は合法的で当然のことであり、植民地支配の間に朝鮮を近代化させたと述べた。アジア太平洋戦争に強制動員された朝鮮人の犠牲に対する賠償もするつもりは全くなかった。彼らはむしろ、太平洋戦争の敗戦で帰国した日本人が朝鮮で築いた財産を取り戻したいと反論した。このように、日韓会談は代表団の間で鋭い攻撃だけが交わされ、ついには一九五三年に何の実りもなく決裂した。

日本政府から相当の賠償金を得られるという期待は水泡に帰した。その結果に失望し怒った李承晩大統領は日本を強く批判し、国家政策として反日教育を強化し始めた。小中高等学校の教科書に反日教育の内容を載せ、学生と市民を動員して反日集会を開催した。朝鮮戦争後、共産政権との対決に力を注ぎ、反共を強調した李承晩政権は、さらに一歩進んで反共とともに反日を国家の至上課題に掲げたのだ。

日本に対する恐怖と警戒心は、李承晩だけでなく当時多くの韓国人が共有した現実的な対日感情であった。植民地支配を受け、日本の統治を経験した韓国人は、日本が民主国家になるとは信じられなかった。日本が帝国の栄光を取り戻すために再武装して韓国を侵犯し、アジアの平和を脅かすと考えていた。李承晩はこのような韓国人の反日感情を政治的に利用した。李承晩の対日強硬政策は彼の独裁政治を隠蔽し、大衆からの支持を容易に得ることで権力基盤を強化する政治的手段であった。反日教育はマスコミの支持を受け、反日感情は学校の生徒だけでなく一般市民にまで広がった。

専制君主のように行動していた李承晩はまた、不正選挙を通じて権力を維持しようとした。彼の権力は一九五〇年代の間ずっと続いたが、それ以上は長続きしなかった。李承晩政権は警察と公務員を動員して不正選挙を行ったが、一九六〇年四月、学生と市民の力で崩壊した。そして、一九六〇年六月から一九六一年まで続いた張勉《チャン・ミョン》国務総理〔訳注：大統領を補佐する役職として日本の首相に相当するが、権限は限定的。〕の第二共和国が誕生した。張勉政権もやはり日韓会談を推進したが、進捗はなかった。韓国に対する日本の態度に変わりがなかったからだ。

4　朴正熙の日韓会談

朴正熙大統領の最大の業績と言われる経済開発は、一九六一年五月一六日のクーデター直後の同年七月、総合経済再建五カ年計画を発表したのが始まりであった。朴正熙軍事政権は、一九六二年から一九六六年までの第一次経済開発五カ年計画を推進するという青写真を提示した。朴正熙大統領の革命公約でも「反共を第一の国是」とし、「絶望と飢餓線上で苦しむ国民の生活苦を早急に解決し、国家自主経済再建に総力を傾ける」と明らかにしたように、経済開発は時代的な課題だった。だが経済開発のために投資する資金はなかった。しかもアメリカの援助は減っていた。朴正熙は焦った。そのため日本に頼ることにして、日本側に日韓会談を再開したいと提案した。朴正熙も李承晩と同じく、経済開発のために必要な資本を日本から得ようとした。〔原注2〕

一九六二年に日韓会談が再開した。この時もアメリカが会談を仲介した。しかし日韓代表団の間の会談は遅々として進まなかった。日本側には依然として植民地支配を謝罪する考えはなく、朝鮮人を戦争に動員した責任も認めなかった。そこで朴正熙は方法を変えた。金鍾泌《キム・ジョンピル》中央情報部長を密使として派遣し、水面下の会談を推進したのだ。

金鍾泌は日本の大平正芳外相との秘密会談の末、一九六二年一一月一一日、対日請求権問題に対する合意を引き出した。二人は合意事項をメモとして交換したが、これを「大平・金メモ」と呼ぶ。その内容は、第一に、日本が一〇年間無償で三億ドルを支払うこと、第二に、経済協力の名目で借款二億ドルを提供すること、第三に、民間商業借款として一億ドル以上を提供することだった。朴正熙政権には、植民地支配に対する日本からの反省と謝罪を得ようとする考えはなかった。太平洋戦争時に強制動員された韓国の犠牲者に対する賠償を要求する考えもなかった。これらの権利を放棄する代わりに経済協力資金が欲しいと懇願した。朴正熙と金鍾泌は、目先の金が必要だっただけでなく、歴史的な問題に対して関心がなかったため植民地支配の問題をうやむやにした。そして「請求権」によって賠償金を受け取るのではなく、「独立祝賀金」という名目で金を受け取り、すべての請求権を解消することで決着した。このメモは正式会談ではなく密室での合意であり、一九六四年末にメモの存在が暴露されて激しい反発を呼ぶまでは秘密事項であった。朴正熙が軍服を脱ぎ、大統領選挙を経て大統領になるまで、不利になる内容を隠していたのだ。

一九六三年当時、朴正熙をはじめとする軍部政権勢力は、日本との交渉に屈従的な姿勢で臨んだという非難を受けていた。日本から受け取る資金の正確な金額は知らされていなかったが、マスコミや大学教授や知識人、そして大学生は、朴正熙をはじめとする軍部政治家たちを「国家を売る親日勢力」として非難を浴びせた。そのような状況で、一九六三年一〇月の大統領選挙で朴正熙が当選したのだ。こうした不安定な政治状況の中で新たに発足した第三共和国の朴正熙政権が将来をどのように乗り切るのか、大韓民国の未来をどのように作っていくのかに関心が集まっていた。

一九六四年一月の一カ月間、韓国社会での最大の関心は政治、経済、国際ニュースではなかった。それまで一般には全く知られていなかった創価学会という日本の新興宗教団体が韓国で布教を行っているというニュースだった。日韓会談が進行中であったため、反日感情が根強く残る韓国社会で日本の宗教が広まっているというニュースは大衆の大きな関心を呼び起こした。一九六四年一月一〇日から、創価学会に関連する記事が全国の日刊紙に連日のように溢れた。一月一八日、政府は文教部長官〔訳注：文教部は当時の日本の文部省で、文教部長官は文部大臣に相当。〕の名前で創価学会関連談話文〔原注3〕を発表した。

創価学会について文教部は、各界の権威によって審議会を構成し、その由来、教義と国内布教実態等を検討した結果、これは発生地である日本でも多方面にわたって物議を醸すのみならず、いわゆる皇国的色彩が濃厚であり、国粋主義的で排他的な集団と断定されるだけに、宗教団体か似非宗教団体か、または政治団体かを問うまでもなく、わが国の民族の立場で見れば反国家的で・反民族的な団体と規定するしかなく、これは我が民族精神を曇らせることで、間接的な精神的侵略を免れないことが憂慮されるという観点から、直ちに全国民が協力団結してこれの蔓延を防止する必要が切実だという結論に達した。国民の皆さんは、民族的自覚と自主国民としての誇りを持って、これの蔓延を防ぐことに積極的に協力してほしい。

談話文で文教部長官は、創価学会が「皇国的色彩が濃く、国粋主義的で排他的な集団」として、「民族精神を曇らせる恐れがある反国家団体」と規定した。そして全国民が協力団結して、創価学会を阻止しなければならないと述べた。談話文の発表後、国務会議〔訳注：日本の閣議に相当する会議。〕では創価学会の布教禁止を国家政策として承認し、警察は全国の警察を動員して創価学会の集会と布教活動を取り締まった。

当時、韓国社会ではすでに日本の新興宗教である天理教が広まり、韓国の宗教も日本で布教されていた。そして大韓民国憲法には信仰の自由が明示されていた。それにもかかわらず政府は天理教を放置し、創価学会だけを選んで布教禁止命令を下した理由は何だろうか。そしてこの命令はいつまで続いたのだろうか。次の章では、文教部長官が日本の精神的侵略だと主張した創価学会について見てみることにする。

第二章　創価学会

1　創価教育学会の出発

中世社会であれ近代社会であれ、新興宗教が出現する最も大きな理由は、仏教、儒教、道教、キリスト教など、その社会に広まっている宗教が新しい時代に必要な精神的基盤を人々に提供できないからである。変化する社会に適応し対処できない既存の宗教はさまよう民衆に人生の意味を悟らせ生きる方向を提示できない。支配勢力に媚びたり、自らが支配勢力になったりして腐敗する。既存の宗教の腐敗を克服し、宗教本来の姿を取り戻そうとする時、新興宗教が誕生する。

もちろん、新興宗教は何もない土地から沸き出るものではない。新興宗教のほとんどは伝統宗教を土台にして教理を新たに解釈したり、儀礼や宗教組織を再構成して出発する。海外から流れ込む場合もある。新たに登場したり、外部から入ってきた新興宗教が新しい福音として受け入れられるのは決して容易ではない。だが、新興宗教の教理と儀礼が民衆の望む話を聞かせ、民衆に救いの道を提示すれば話は変わる。新興宗教が短期間に成長すると、噂を聞いた大勢の人たちが押し寄せるようになるものだ。

反対に、既得権を持つ宗教勢力は新興宗教の成長に警戒心を抱き、初期の段階から芽を摘もうと政治権力の力を借りて弾圧に乗り出す。この過程で簡単にへし折られて消える宗教があるかと思えば、試練を乗り越え更に強い組織を築きながら巨大宗教へと飛躍する場合もある。今日、全世界に広まったカトリック、プロテスタント、仏教も、すべて初期の形成や伝播の過程で大きな試練を経験したことは周知の事実である。

中世から近代に移行する転換期には新興宗教が大量発生した。ヨーロッパはもちろん、中国、日本、韓国などでも同様だ。明治維新以降、日本では天理教、大本教、霊友会、立正佼成会など多くの新興宗教が出現し、新しく登場した教団が日本社会の宗教地図を塗り替えた。これらの教団よりスタートは遅かったが、創価学会もまた、近代日本が帝国主義に突き進んだ時期に登場した。

創価学会の創立母体は創価教育学会であり、創立者は牧口常三郎である。一八七一年生まれの牧口は師範学校を卒業して教師になった。北海道で小学校の教師として働いた彼は一九〇一年に東京に移住した。一九〇三年、三二歳の時に『人生地理学』という研究書を出版して好評を得た。牧口は教育学者として、近代日本の教育体系を改革することに強い関心を抱いていた。彼は明治維新以降、新たに展開された近代の学校教育システムに問題があると考えた。特に学校での愛国主義教育の問題点を克服し、合理的な方向を提示しようとした。彼は教育改革の原理として創価教育を提案した。創価には「価値を創造する」という意味が込められている。暮らしの中で新たな価値を創造する主体的な人間を育てることを教育の目標とした。

牧口は、一九二八年に日本の仏教教団である日蓮正宗の信者になった。その時から彼は、創価教育学の原理と一三世紀の日本の僧侶である日蓮の信仰を一つにまとめ、新しい思想を生み出した。学問的な次元の教育原理と宗教の教えを結ぶもので、これは誰も行っていない新しい試みであった。ついに彼は一九三〇年、自らの教育論に同意する人たちを集めて創価教育学会を創立した。そしてこの団体は、日蓮正宗の在家信徒団体として活動することになる。

2　日蓮の仏教

日本では鎌倉時代まで、仏教は支配層のための宗教であった。中世に韓国の百済を通じて仏教を受け入れたが、長い間民衆に広く伝わることはなかった。その最大の理由は、仏教経典を理解するためには高度な専門知識が必要だったからである。少数の知識層、特に僧侶だけが仏教経典を理解できたが、彼等は支配層のために活動した。だが一二世紀の鎌倉時代に入ると、仏教の経典を新たに解釈する僧侶が多く現れ、彼らの教えを受け入れる層が拡大していく。新しい宗派として浄土宗、浄土真宗、時宗、臨済宗、曹洞宗などが生まれ、一三世紀には日蓮宗も登場した。最も広く流行した宗派は浄土宗、浄土真宗、時宗などで、これらの宗派は念仏を重要視したため念仏宗とも呼ばれた。

浄土宗の創始者である法然と、浄土真宗を創始した弟子の親鸞は念仏宗の重要な人物である。一方、一遍は「一度念仏を唱えたら阿弥陀仏と一体になる」と説き、日本全土を巡礼しながら「南無阿弥陀仏」と書いた紙を配布して念仏を伝えた。

同じ時期に登場した日蓮はこれらとは異なる道を示した。彼は仏教経典の中で「法華経」、すなわち「妙法蓮華経」が最も重要な真理を含んでいると考えた。日蓮は法華経に込められた釈迦牟尼の教えに基づき、自身の生まれた時代こそ自然災害が頻発して社会が大きく混乱する末法の時代だととらえた。日蓮は、念仏宗が現実から目をそらして死後の救いだけを強調しているると批判し、現世で成仏しようと主張した。法華経には、末法時代に新しい真理として救援の光を提示する上行菩薩が登場する。日蓮は自分が世界の終末のような末法時代に出現し、民衆を救う上行菩薩だと主張した。彼のこのような主張は、一見すると西洋キリスト教のメシアの出現と似ている。だが、日蓮は民衆一人一人が仏になれると力説したという点で、キリスト教メシアの出現とは大きく異なる。

日蓮は信者たちに、多くお布施をしたからといって仏になるわけではないと説いた。また仏経の経典を書き写して修行する書写行よりも、法華経の教えを身につけて実践することがより重要だと教えた。従来からの「南無阿弥陀仏」を唱えて祈願する念仏宗を批判した日蓮は、大衆の信仰の仕方として題目を唱えることを説いた。創価学会では「南無妙法蓮華経」を唱えることを「唱題」と呼ぶ。日蓮は大衆に、朝夕の勤行とともに「南無妙法蓮華経」の題目を繰り返し唱えて祈願することを教えた。「南無妙法蓮華経」は「妙法蓮華経」の真理に帰依するという意味だ。

彼はまた、「人は誰でも仏性を備えており、自ら悟ることが重要なので、崇拝対象としての仏像を片付けなさい」と教えた。だが、後になると南無法蓮華経と記した曼荼羅を顕して本尊とした。

日蓮は信仰の仕方として他宗教の教えを排撃し、他者に真理を積極的に布教する折伏を強調した。日蓮は従来の仏教宗派を批判して社会改革を唱えたため、権力側から弾圧を受け、幾度となく流罪に処せられた。だが日蓮の教えは新鮮なものだったので、彼の死後も民衆は信仰を保ち続けた。そうしたことから彼を宗祖とする日蓮宗は、日本仏教の一つの宗派として定着することができた。

しかし日蓮宗は、時代の流れの中で再び既成宗教と妥協して、さまざまな仏像を取り入れるなど、日本仏教の平凡な宗派の一つになってしまった。こうして既成宗教と妥協し新鮮さを失っていった。一方、日蓮の六人の弟子の一人である日興の流れをくむ宗派が日蓮正宗である。日蓮正宗は、日蓮の思想を正しく継ぐために仏像を排除し、日蓮の教えを最も正確に継承していると自負していた。

3　牧口常三郎の創価教育学会

牧口常三郎が立ち上げた創価教育学会は、単なる教育学会でもなければ新しい宗教団体が出現したわけでもなかった。日蓮正宗にはすでに法華講という信徒団体があったが、牧口は創価教育学会を法華講とは別の信徒団体と定めた。これは、創価教育学会の会員になれば、同時に日蓮正宗の信者になることを意味する。彼は座談会を開催し、創価教育学会員に「大善生活」を実践するよう語った。これは価値を創造する近代的な人間像を提示し、その実践を勧めるものだった。一九三〇年に始まった創価教育学会は志を同じくする数名でスタートしたが、一九四〇年頃には日本中から約三〇〇〇名が入会するまでに発展した。

日本政府は明治維新以降、江戸時代に優位を占めていた仏教を押しのけて、神道を中心に日本の伝統信仰を体系化させた。神道は再び天皇制と結びつき、全国民の義務に格上げされた。これによって国家がすなわち天皇であり、天皇が日本民族の象徴となった。太平洋戦争が始まってから、日本政府は他の宗教団体に属する信者にも神社参拝を強要し、仏教、プロテスタントなどの各宗教団体の統廃合まで強要した。この命令により、長老派、メソジストなどのプロテスタント教団はすべて日本キリスト教団に統廃合された。仏教でも同様の命令が下された。だが日本国内でプロテスタントよりはるかに規模の大きい仏教教団の統廃合は容易ではなかった。

日蓮正宗の僧侶たちは他の仏教教団との合流命令を拒否したが、神社の参拝には同意した。一種の妥協策だった。僧侶たちは先頭に立って神社を参拝し、神社で発行する神札（お守り）を受けて祀り始めた。日蓮正宗の僧侶は神社に参拝するよう信者に督励したため、この命令は日蓮正宗の信徒団体だった創価教育学会にも下された。

牧口は、日蓮の教えに背く神社参拝を拒否した。こうした動向を注視していた特別高等警察は一九四三年七月六日、牧口と創価教育学会の幹部を治安維持法違反と不敬罪で逮捕して投獄した。牧口はこの時、七二歳だった。警察の取り調べが始まると、創価教育学会の幹部の多くは信念を曲げて政府の方針に従い、牢獄から出てきた。しかし牧口とその弟子である戸田城聖は信念を守り、耐え抜いた。牧口はその後一九四四年一一月、獄中で亡くなった。

4　戸田城聖の出獄と生命論

転向を拒否してきた戸田は一九四五年、太平洋戦争終結直前に出獄した。戸田は戦後廃墟と化した日本で、伝統仏教はもちろんキリスト教や他の新興宗教も人々に生きる意味を提供できないと判断した。戦後の焼け野原で日本の民衆は、病気や貧困や家庭不和に苦しんでいた。戸田は、民衆が現状を乗り越える力を得て人生の意味を悟り、楽しく生きていけるよう助けなければならないと考えた。そこで彼は師匠である牧口の改革思想を受け継ぐ一方で、社会全体を救済する生命原理を民衆に伝えようとした。

戸田は師匠である牧口の遺志を継承して創価教育学会を再建した。一九四六年には「創価教育学会」を「創価学会」と改め、牢獄にいた時に得た宗教体験を基に新しい宗教運動を始めた。彼は牢獄の中で法華経を読み、宇宙のすべての生命がつながっていることで、人間は宇宙の根本的な法則である仏性と共鳴すれば生命力を得ることができると悟る。彼は誰もが法華経を読み「南無妙法連華経」を唱えれば、生命力を回復させて生きるエネルギーを得られると確信していた。戸田は自分の悟りを基に生命論を説いた。彼が会員に提示した信仰の第一歩は、法華経の方便品と寿量品を唱える勤行と「南無妙法蓮華経」という題目の唱題である。彼は、朝夕勤行して題目を唱えれば生命の喜びを感じて体と心の病気も治り、貧しさも克服することができると語った。

太平洋戦争に敗戦した日本の地で民衆は希望も自信も失っていた。貧困と病苦にさいなまれた人々に彼の教えは希望のメッセージとなった。彼が示した信仰の方法は、江戸時代以来、布教力を失った日本仏教の教理と儀礼を近代化し、大衆が容易に仏教の真理に触れられるように導いたものだった。

5　勤行と自らの礼仏実践

創価学会の会員活動は、勤行と唱題が基本になっている。在家信徒団体だった創価学会は、僧侶たちの信仰儀式を信者自らが各家庭でも実践できるようにした。創価学会の会員になると、勤行と唱題という信仰儀式に従って毎日朝夕、僧侶に頼ることなしに礼拝できるようになる。つまりすべての信者の「僧侶化」を追求したといってよい。

日本では、江戸時代が終わる一八〇〇年代後期までは、僧侶ではない一般の仏教信者の中に字が読める人は今ほどは多くなかった。だが明治維新以降に大衆教育が広まり、誰もが基礎教育を受けるようになった。一般信者は文字が読めるようになり、経典の読誦も可能になった。創価学会の勤行は近代的な教育システムの確立と密接な関係がある。

日本の創価学会の会員たちが勤行する時に読む小さな冊子の経本には、漢字の横に平仮名で漢字音の読み方がついている。このような方法で漢字が読めない人でも自分で勤行ができるようにしている。長い間勤行を実践している会員はいつも経本を読んで慣れているため、暗唱することも可能になる。会員たちが集まって一緒に勤行する際には、経典を読む一定のリズムが生まれる。

創価学会の勤行と唱題は会員たちが各家庭で行うので、勤行するしないは自分次第だ。心の中に願いがある人は、その目標を心に刻みながら「南無妙法蓮華経」を唱える。創価学会の会員とのインタビューで、勤行と唱題に対する考えをうかがい知ることができる。

――朝と夜にいつも勤行をされていますか。

――勤行にかかる時間は朝一〇分、夜も一〇分ですが、南無妙法蓮華経と唱える題目は三〇分でも、一〇分でも、一時間でもいいし、たくさん唱えると功徳も得られます。例えば私たちが銭湯に行けば垢が落とせるじゃないですか。この垢が一つ落ちるのと同じように南無妙法蓮華経を一度唱えると自分の罪業が一つ落ちます。南無妙法蓮華経を一時間唱えると、垢が落ちて福運が付きます。自分に福運が付くと子どもや周りの人々が私の後についてきます。私も誠実に話すようになり、嘘をつくこともなくなります。そうなれば誰からも信用されるようになりませんか？　すべてのことがうまくいくのではないですか？〔原注1〕

創価学会の会員たちが行う勤行と唱題は、曼荼羅である本尊に向かって祈ることで自身に内在する仏性に出会うことである。勤行と唱題の過程で「南無妙法蓮華経」を唱えるうちに、一定のリズムに乗って徐々に集中するようになる。そのように祈っている時に人間は、宇宙万物の原理、生命力と呼ばれる根本的法則の仏性と出会うことができる。従って、創価学会員の勤行と唱題は自ら主体となって行う儀礼であり、信仰体験でもあるといえるだろう。

戸田は会員たちに、勤行と「南無妙法蓮華経」の唱題を通じて生命の喜びを感じ、法華経の真理に従って生きるよう説いた。そして次の段階として、自分が感じた信仰の喜びを周囲の人に分け与えるよう教えた。信仰を広めること、すなわち布教活動を折伏という。布教を通じて多くの人々に自らの信仰体験を語り、生命の真理を伝えれば伝えるほど、幸福になれるという。このような教えにより、会員たちは、周りの人々に信仰を広めるほど功徳を積むことができると考えた。

6　あまりに積極的すぎた折伏活動

戸田の提案により、一九五一年から「折伏大行進」という名の布教運動が始まった。戸田が採用した折伏という布教方式は、一般人のみならず、他宗教を信じる信者までも創価学会に呼び込む積極的な活動であった。創価学会員には『折伏教典』という冊子が提供された。会員たちはこれを勉強して折伏に活用した。会員たちは折伏する中で、他の宗教は邪宗なので正しい教えである創価学会を信じなさいと語った。「創価学会だけを信じなさい」という会員たちの布教方式は周囲の人々を当惑させ、ついには社会的反感を買った。

この時期、創価学会の会員たちは、家にある先祖の位牌を祀る仏壇を庭で燃やしてしまった。

農村に住んでいた会員は、村の慣行だった神社の祭りや寺の掃除への参加も拒否した。他の共同体との非妥協的な信仰は、宗教界だけでなく伝統的な共同体の秩序までも揺るがすことになった。日本の既存の仏教宗団とキリスト教、そして立正佼成会など他の新興宗教教団との摩擦は必然的であり、社会的な非難も激しかった。

読売新聞をはじめとする既成のマスコミは、創価学会員の積極的な布教活動に対して懸念と批判を浴びせた。創価学会の幹部たちは、自分たちが急成長すればするほど批判が降りかかるのは当然だと考え、これを克服するために一層奮発して布教を進めようと会員を励ました。

7　戸田の思想と政界進出

戸田は次の段階として政治活動を提示した。社会が幸せになるためには政治がきちんと行われなければならないと考えていたからだ。彼が見たところ、日本の政治家は私利私欲のために権力闘争に明け暮れ、政党も徒党集団にすぎないと考えた。戸田は、腐敗した政治のせいで民衆の生活が犠牲になっていると考え、自分たちの教理を実践する方法として提示したのが王仏冥合の教理だった。

王仏冥合は創価学会の政治活動を裏付ける理論的根拠となった。それは宗教の原理が政治レベルで実現されることを意味する。こうした戸田の指揮によって、創価学会はまず地方議会に進出した。一九五〇年代半ばから始まった議会参加活動は、一九六二年になると地方議員数百人、参議院議員一五人を当選させる段階にまで進んだ。一九六一年、当選者は公明政治連盟を結成し、一九六四年には正式に公明党という政党へと発展した。

公明党は党の綱領である王仏冥合を基本理念とした宗教政党だった。創価学会は政治志向の強い運動団体であり、政治進出はこの団体の自然な発展過程だった。このような創価学会の政治参加に驚いた既成の政治家やマスコミは、創価学会に注目するようになった。

終戦後の日本社会では宗教の統制がなくなり、多様な新興宗教が出現した。立正佼成会、霊友会など様々な宗教が市民の関心を集めたが、その中でも最も早いスピードで成長した宗教が創価学会であった。創価学会は一九五〇年代から一九六〇年代に至るまで、貧困や病気に悩み現在の生活からの突破口を見つけようとしていた人々に、強い伝播力をもって食い込んでいった。都市の下層民を中心に急速に広まり、大変な勢いで成長した。会員の情熱的な布教活動によって、創価学会は成長を続けていった。

戸田は自分が亡くなる前に七五万世帯に会員数を増やすと宣言したが、一九五八年に彼が亡くなる前に創価学会の会員は、すでに八〇万世帯を超えていた。新興宗教団体がこのように早いスピードで会員を増やし、また政治にまで進出したケースは、日本はもちろん他の国でも見られなかった。日本社会の中で創価学会の急成長を見て最も大きな脅威を感じた勢力は、政界と宗教界であった。

自民党はもとより共産党までもが、創価学会が今後日本の既存の政治権力構図を揺るがし、自らを脅かす勢力になると見なすようになった。創価学会が政治進出を宣言して活発に動くと、政権与党である自民党はもちろん、進歩政治勢力である社会党と共産党も激しく反応し、創価学会の政治進出を批判し始めた。特に共産党は、自分たちの組織基盤である都市の下層民たちが急速に創価学会の会員になると、危機感さえ感じるようになった。そのため創価学会批判の世論形成に力を注いでいった。

このような社会的雰囲気はマスコミにも反映した。読売新聞をはじめとする日刊紙や各種雑誌は、創価学会関連の記事を先を争って掲載したが、興味本位に歪曲された記事がほとんどだった。創価学会の布教活動の中で発生する様々な衝突や否定的な事例が記事化された。特に創価学会が既存の宗教団体に比べてはるかに体系的な組織構造を形成し、選挙でも強力な団結力を誇示して公明党の候補を当選させると、マスコミはこれを争って報道しながら、過去の軍国主義ファシズム団体と比較した。創価学会に対する憂慮と推測に満ちた報道が新聞や雑誌、放送に溢れた。

日本のプロテスタント、カトリック、伝統仏教はもちろん、天理教、立正佼成会、霊友会なども、新宗連という新興宗教の連合団体を一九五一年に結成した。創価学会に対抗する組織を結成したのだ。

8　池田大作の海外布教

一九五八年、第二代会長の戸田城聖がこの世を去った。教団を建て直して折伏大行進を率いた指導者を失った創価学会は危機を迎えた。日本の宗教界は、戸田会長の死去により創価学会組織が崩壊すると期待していた。しかし、そうはならなかった。

二年後の一九六〇年に、学会幹部たちは三二歳の池田大作を会長に選んだ。一九六〇年は高度成長期の真っ只中であった。池田が目標として掲げたのは一九六四年までに会員を三〇〇万世帯に増やすことだったが、一九六二年一一月に早期達成した。そして一九七二年までには六〇〇万世帯へ倍増させようという次の目標まで掲げた。〔原注2〕だがその程度で終わることはなかった。

創価学会は毎年約一〇〇万世帯というものすごい勢いで会員を増やし始め、会員は再び爆発的に増え、一九七〇年代になると七〇〇万世帯を越えるまでになった。そして、これに伴って公明党も、参議院はもとより衆議院にまで進出し、自民党、社会党に次いで第三党の地位を確保するまでになった。

もう一つ注目すべきことは、池田大作を中心に始まった海外での布教活動であった。彼は一九六〇年の秋からアメリカ、カナダ、ブラジルを訪問したが、これが海外布教の始まりであった。一九六〇年に創価学会本部に初めて海外部が設置され活動を開始したが、この時期に作られた海外組織は、その地域に移住した日本人会員が幹部を務め、会員も日本人だけの地域が多かった。一九六二年にアメリカ、ブラジル、イギリスなどの地域で会合が始まった。アメリカ、ヨーロッパ、香港などからそれらの各地域に移住した会員が個別に布教をしていた〔原注3〕。

創価学会の会員たちは、移住した見知らぬ国でも布教活動に積極的であった。だが例外地域があった。まさに韓国だった。一九六〇年から創価学会の海外宣教が始まったとはいえ、創価学会本部はまだ本格的な海外布教政策を準備するには至っていなかった。そのような状態で、反日感情が強い韓国での布教は思いもよらなかったのである。

だが日本の創価学会の会員の中には在日韓国人もいた。在日韓国人は、一九四五年の日本の敗戦後も韓国に戻ることができなかった人たちであった。日本では彼らを在日と呼び、韓国では在日同胞と呼び、最近は在日韓国人と呼んでいる。〔原注4〕子どもの頃は故郷である韓国に住み、日本に渡った在日韓国人一世たちは、特に故郷と家族への愛情が深かった。彼らは創価学会の会員になると自分の信仰体験を故郷の人々や親戚に伝え、彼らを通じて韓国に創価学会の会員が生まれ始めた。

学会の海外部は、韓国各地で在日韓国人によって少しずつ布教が行われているという事実を知ってはいたが、創価学会本部が直接韓国での布教活動に関与することはできなかった。韓国で創価学会の会員が増えることは、日本の教団本部としては歓迎すべきことだった。だが日本の創価学会本部が乗り出すには国交も結ばれていない状態だったので、韓国はいろいろな面で慎重を期すべき地域だった。創価学会海外部は、在日韓国人たちが提出した韓国の会員の連絡先に、機関紙と雑誌、そして勤行に必要な小冊子を送る一方、会員が互いに連絡を取り合えるように情報提供していた。

9　創価学会と在日韓国人

創価学会では人間の死後の往生を強調してはいない。重要視しているのは、生きている間に仏性を悟り、実践することだ。日々の生活の中で信仰を実践すれば、必ずその証拠が現れると言っていた。生活の困難や苦しい問題から解放される信仰は一般の人々に魅力があった。「病の人は病気が治り、貧しい人は貧乏から抜け出し、家族はむつまじくなる」という創価学会の教えは、苦難に直面した人にとっては一つの突破口となった。

折伏は難しくもなければ複雑な方法でもなかった。「とりあえず信じてみてください。御本尊の前で南無妙法蓮華経と唱えて祈ってみて下さい。これを繰り返す過程で新しい人生が展開するでしょう。病気が治り、貧乏から抜け出し、家庭不和は解消し、楽しい人生が送れるようになるでしょう。その後から信心が深まります」と話をする。

自らの信仰を他者に伝える折伏活動は、周囲の人々に関心を持つことだ。これは、折伏する立場でもそれを受け入れる立場でも肯定的な連帯を作った。

二〇〇六年から二〇〇九年の間、私は日本に住む在日韓国人の創価学会の会員たちに聞き取り調査を行った。調査を通じて、終戦後に日本に住んでいた韓国人の生活を垣間見ることができた。そして彼らがいかにして創価学会の会員になったのかを聞くことができた。

私は在日韓国人三世です。祖父と祖母が韓国から日本に渡って来ました。創価学会に入会したのは母方の祖母の時です。祖母から創価学会に入会した理由を何度も聞かされました。祖母は一八歳で日本に渡り、最初の夫は亡くなり、働かない人だった一番目の夫も亡くなり、女手一つで四人の子どもを育てなければならなかったそうです。日本語もうまく話せなかった祖母は、子どもたちを育てるために近所でぼろを拾ったり、古着を貰って売ったりしながら、とても苦しい生活をしました。靴を拾えばそれをお金に換えて、どうにかこうにかやりくりしていたそうです。

町内でリヤカーを引きながら、「いらない服はありませんか?」と言って捨てられる物を集めて売りながら暮らしたそうです。その時は私の母もまだ幼かったので、祖母は母をリヤカーに乗せて仕事に通いました。幼い母はリヤカーから這い出して、一人であちこちに行ってしまったようです。いくら行くなと言われても、祖母が目を離した隙に、母は一人でリヤカーから降りて他人の家に入ってしまったりしたそうですが、ある日、母はまた一人である家に入ってしまいました。祖母はその家に行き「うちの子がお宅に入ってしまって申し訳ありませんでした」と謝りに行ったら、その家の主人が創価学会の人でした。その家の人は親切で、祖母に古着を持たせてくれ、『あなたの今の生活を変えることができますよ。題目を唱えてみてください』と信心を教えてくれたそうです。そのような縁で祖母は信心を始めました。〔原注5〕

貧しい在日韓国人を見て、生活を変えることができるという希望を伝えた日本の創価学会の会員、それを受け入れて創価学会会員になった在日韓国人は、同じ宗教を信じる輪の中に入ることになった。在日韓国人は貧しく病気で苦労する人も多かった。今のように医療体制も発達しておらず、医者にかかる余裕もなかった時代に、家族の誰かが病気になると家族全体の生活が揺らいだ。

私の母方の祖母は一九一七年に韓国で生まれ、九歳で日本に渡ってきました。兵庫県で結婚しました。祖母は腎臓が悪かったのです。貧乏でとても苦労しましたが、同じ町に住む日本人から創価学会に勧誘されたそうです。その日本人から「今の時代は一〇〇円でもただでは得られない、自分の人生は自分が努力して開拓しなければならない」と言われたそうです。祖母はその話を聞いて、弟にお金を借りに行った時、弟がお金を貸してくれず冷たくあしらわれたことを思い出して、「そうだ、私の人生は私が努力して生きていかなければ」と思ったと言います。こうして祖母は一九六二年に創価学会に入信しました。〔原注6〕

このように、貧しく病気で苦労した在日韓国人たちが一人二人と創価学会の会員になった。だが当時の在日韓国人社会では、創価学会の会員になることを良く思わない人も多かった。日本に住みながら儒教式の先祖祭祀を行い、巫女を呼んで巫歌と踊りで神に祈りを捧げる儀式であるクッを行ったりもした。

私が高校三年生の時、父が亡くなりました。父が亡くなると、母は堂々と信心をしようと御本尊を安置しました。すると父方の祖母がもの凄く怒りました。祖母は、母が創価学会の御本尊を隠し持っていたせいで父が亡くなったのだと頑なに言い、「お前がうちの息子を殺した!」と声をあげて泣きました。祖母は伯母たちと一緒に私の家に来て家具を壊し、母が安置していた御本尊を破り捨てました。

父の葬式が終わった後に祖母は巫女たちを呼びました。その巫女が亡くなった父の代わりに祖母に話をしたり、母に声をかけたりもしました。〔原注7〕

一九五〇年代と六〇年代、貧しい在日韓国人に救いの手を差し伸べた創価学会も、日本社会の中では非難される存在であり、日本社会の中のマイノリティだった。そういう意味では、当時創価学会に入った在日韓国人は、民族的差別と宗教的差別という二重の差別の中に置かれていたのだ。

私たちの時代は朝鮮人と揶揄され差別を受けました。だから自分が韓国人だとはなかなか言えませんでした。今は人間的な差別はありませんが、やはり就職する時など、まだ差別が残っています。でも創価学会に入ってからは韓国人差別を全く感じませんでした。日本で暮らしていて、在日韓国人を差別しない日本人に初めて会いました。それが表向きなのか本音なのかは分かりませんでしたが、創価学会の中では差別を感じることが全くなかったのです。そのような点で、創価学会が世界的な宗教だということがわかりました。

私は日本に住みながらも自分は韓国人だと思っていましたが、日本の社会の中でこのように日本人とお互いに心置きなく家庭の問題や親の問題、生活の悩みなどを相談したり、アドバイスを受けたりしたのは、創価学会に入ってからでした。私としてはそのような面に感動を感じていますし、感謝の気持ちを持っています。〔原注8〕

貧困と病気、差別の状況で在日韓国人があえて創価学会の会員になったのは、国家や民族、または国籍が彼らを保護する役割をほとんど果たさなかった反面、創価学会から保護されているとの印象を受けたからである。

彼らにとって、民族的アイデンティティより宗教的アイデンティティの方が遥かに強かった。政治より宗教から人生の救いを得ることができたからだともいえる。社会的非難を受ける宗教ではあったが、ひとたび創価学会の会員になれば、組織内では民族差別を感じることなく、むしろ自分の困難を理解し、励ましてくれる人々に会うことができた。創価学会の会員になった在日韓国人たちは、布教を通じて他の人をも救いたいと思った。彼らが思い浮かべたのは故郷の親戚だった。

私が八歳の時、済州島で四・三事件が起きて食べるものがなかったのです。故郷でこのように苦労している母たちに、この信仰を広めたかったのです。目には見えませんが、この信仰を信じれば、心の中から湧き水のように生きる力がこんこんと湧き出てきます。だからこそ故国の人々にこの信心を持たせたいと思ったのです。〔原注9〕

私の父は愛国心が強い人でした。韓国には父方の親戚がいました。父の弟も親戚も貧しかったので、父が自分のお金でミカン畑を買ってあげ、それで生活するよう言いました。父は日本で創価学会に入信して成功したので、困っている韓国人の生活を助けるために、そうしなければならないと考えていました。済州島にミカン畑を二つ買って親戚にあげました。私たち兄弟は誰も大学に行けませんでしたが、韓国のミカン畑のために懸命に働きました。後に親戚たちは大学に行くことができたと聞きました。〔原注10〕

右の二つの事例は済州島出身の在日韓国人の話である。在日韓国人一世たちは一九六〇年代初めから韓国に帰り、親戚や故郷の村の人々、そして友人たちに積極的に創価学会の信仰を伝えた。反日感情が強かった当時、韓国社会で創価学会の信仰を伝えた在日韓国人は、まさにこのような強力な宗教的アイデンティティの所有者たちであり、愛郷心と家族愛が強かった。

戦後の日本社会で在日韓国人の半分以上が失業状態であり、下層民だった。過去に植民地支配を受けた朝鮮出身だったため様々な差別も受けていたが、創価学会の会員は在日韓国人を差別しなかった。差別意識が強い日本社会の中で差別を受けることのない世界があることを知った在日韓国人たちは会員になった。入会した在日韓国人たちは、自分の人生が変化すると自然に周りの人々にも自身の中に仏性があるという教えを伝え、共に幸せになることを通じて功徳を積みたいと思った。在日韓国人の信者たちは、死後ではなく今生きているこの世で幸せを見つけることができるという「南無妙法蓮華経」の信仰を、自分の両親と兄弟、そして自分が生まれ育った故郷の人々に伝えたかった。

だが当時、韓国と日本の間には国交がなかった。そのため日韓間の往来は手続きも複雑で決して容易ではない時期だった。それにもかかわらず彼らの中で故郷の村を訪れる人の数が増え始めた。彼らの布教の対象は故郷の家族、親戚、友人、そして隣人であった。

10　韓国に渡った創価学会

全国の他のどの地域よりも在日韓国人の割合が大きかった済州島では、一九五九年から創価学会の布教が始まった。大都市であるソウルや釜山《プサン》、大邱《テグ》地域から済州に伝播したのではなく、日本に住み、帰郷した済州出身者によって直接、創価学会の布教が行われた。だが布教は組織的なものではなかった。済州の方面長〔訳注：創価学会中央会議の下で地域を統括する組織である「方面」の長。〕を歴任した金昇範《キム・スンボム》副理事長は、済州地域の初期の創価学会の姿を次のように語った。

最初は主に在日同胞たちが創価学会の信仰を始めました。日本に渡った同胞たちが早くに入会しました。済州島の南西に位置するモスルポ村の方が一番早かったです。済州の各地域で散発的に誰が入会したのかも分からず、御本尊を迎えました。本を読んで信仰を学ぶため、日本語が分かる人に教えてもらいました。そうして一九七五年の夏に組織を結成しました。バスターミナル前の小さな建物の一部屋を借りて。〔原注11〕

済州での布教は在日韓国人が始め、済州支部が結成されたのは一九七五年からだという。それまでは会員同士でもお互いに誰が入会しているのか分からずにいた。

金昇範が言った通り、済州島の人々に創価学会の教えが広められたのは、済州島の南西側のモスルポ村が一番早かった。一九六四年、京郷新聞《キョンヒャン》には、姜太文《カン・テムン》をはじめとするモスルポ村の住民たちが創価学会の会員になったという話が掲載された〔原注12〕。一九五九年頃、在日韓国人の李鐘浩《イ・ジョンホ》は故郷であるモスルポ村を訪問し、甥の姜太文が病気にかかっていることを知った。彼は甥に創価学会の教えを説明し、この信仰で病気を治すよう諭した。その後、村内の人々にうわさが広がり、創価学会の会員は一四人に増えた。彼は経典である「日蓮正宗勤行要典」を持っていた。警察はこの経典を押収した。これは、日本で印刷されたこの本には、漢字の横にハングルで漢字音がふられていた。これは、日本語を読めない故郷の人々が経典を読めるように、漢字の横にハングルで李鐘浩が日本語の勤行要典にハングルをつけたものと思われる。この経典を読めば幸せになれると聞いた人たちは、時間の余裕がある時や家庭内に悩みがある時は一日中経典を読んだ。村の人たちは、創価学会の会員たちが一日中ぶつぶつと声を出していたために「狂った奴」だとささやき合った。

創価学会の布教は、在日韓国人が信仰を受け入れてから韓国の家族や親族に伝えられて町内の人々に拡大したが、病気の人は特に受け入れやすかった。一九五〇～六〇年代の済州社会も、その頃の日本社会と同様に医療体制が不十分で、まともな病院も少なく、診療を受けられる機会はほとんどなかった。韓国の農村の人々や低所得層にとっては、祈りで病気を治すことができるというこの宗教の教えを、自分の人生を変えられる機会と捉えていたのだろう。

しかも済州島で在日韓国人すなわち「在日同胞」といえば、豊かな国から来た客というイメージが強かった。日本で金をたくさん稼ぎ、しばらく済州島に滞在するか永住帰国した「在日同胞」は、「日本で金持ちになった人」として羨望の的となった。肉体労働者として日本で金を稼いできた人たちでさえ、済州の貧しい村人たちにとってはうらやましく思えた。実際に、当時貧しい済州の村に学校を建てたり、公民館を建てる時には、日本に住む済州島出身者の援助が重要な財源となった。在日韓国人は裕福で経済力のある人として受け入れられ、そのような彼らの成功イメージは、心理的にも有利な立場にあったといえる。だから、そのような立場にいた人々が故郷に帰って布教する宗教は十分に魅力的なものだった。

在日韓国人の親戚から信仰を紹介された場合、ほとんどの人は個人の平穏を祈ることから信仰活動を始めた。だが創価学会に対する政府の弾圧が始まると、組織の中心メンバーになる信者も生まれ、彼らは韓国での創価学会の発展に重要な役割を果たしたケースもあった。

ソウルに住んでいた李丁順《イ・ジョンスン》は一九六四年一月、創価学会の韓国での布教を禁止するとの文教部長官の談話文が発表されると、会員として抗議書を提出した人物だ。李丁順の妹は日本人に嫁いだ李順子《イ・スンジャ》で、彼女は結婚後に夫の姓を名乗って中井順子となった。創価学会の会員になった彼女は、姉に創価学会を紹介した。彼女がソウルに住んでいる姉に日本から送ったのは、創価学会の新聞である「聖教新聞」と雑誌『大白蓮華』だった。「聖教新聞」は毎日発刊される創価学会の機関紙で、日本全域で配布されていた。また『大白蓮華』は月刊誌で、座談会を開催する際に教材として使用する冊子である。病気で苦労していた姉の李丁順は、日本から妹が送った新聞と雑誌を読み、勤行と唱題を実践した。李順子は姉に会いに、一九六一年九月、一九六三年六月、一九六四年一月三日の三回にわたって韓国を訪問した。姉の李丁順は次第に健康を回復し、布教にも積極的に取り組むようになった。

創価学会の三代会長池田大作が執筆した小説『新・人間革命』第八巻「激流」の章には、李丁順と李順子姉妹の話が出てくる。小説では妹の李順子を姉・李純姫（日本名は大井純江）、姉の李丁順を妹・李蓮姫として描き、日本の姉がソウルに住む妹に布教したと描写されている。〔原注13〕

ソウルには在日韓国人とつながって創価学会の信仰を受け入れた人々がいた。創価学会本部では彼らに関する情報を李丁順に送り、互いに会えるようにした。こうして形成された連絡網が、ソウルで座談会を開催する土台となった。李丁順は鍾路《チョンノ》三街で「希望結婚相談所」を運営していた。彼女のオフィスは初期の創価学会の布教の中心地となった。

在日韓国人を通じてではなく、直接日本の創価学会の本部に連絡し、関連資料を読んで信仰を始めたケースもあった。朴素巌《パク・ソアム》が代表的な人物だ。朴素巌はソウル東大門《トンデムン》の昌信洞《チャンシンドン》にあった嘉皇寺《カファンサ》という寺の住職だった。嘉皇寺は曹渓宗《チョゲチョン》〔訳注：朝鮮の禅宗系仏教宗団。韓国仏教界最大の勢力で、ソウルの曹渓寺を総本山とする。〕ではなく、法華宗教団所属の小さな寺だった。「朝鮮日報」では、彼が仏教中央総本部教務局長だったと報道され、「東亜日報」には、大韓仏教法華宗教務局長を務めたという異なった報道がされている〔原注14〕。

朴素巌は寄生虫による感染症にかかって苦しんでいた。ちょうど日本へ事業に行っていた兄の朴成一《パク・ソンイル》は、手に入れてきた創価学会の勤行要典を朴素巌に渡した。彼はそれを読み勤行と唱題を重ねた結果、病気が治った。このように病苦から脱した体験を経て、朴素巌は創価学会に入信した。自発的に会員になった朴素巌は、一九六三年末までに二五〇世帯へ布教した。彼は仏教経典を勉強した経歴があったため、法華経を基にした創価学会の教理をすばやく吸収することができ、また嘉皇寺という寺を持っていたため、ここをソウル地域の信者の集会場所として活用することができた。

一九六四年一月一三日、記者たちが嘉皇寺を訪れて朴素巌と会った。朴素巌は記者に自分の経験を話し、本尊に三カ月祈れば効果があると断言した。記者たちが訪れた嘉皇寺の部屋には「闘争」「折伏」というメモが貼られており、その横には広宣流布、つまり広く布教をしようという趣旨の歌詞が書かれていた。そのすぐそばには創価学会の本尊があった。会員たちは毎週月曜日と水曜日に座談会を行い、本尊の前に集まった。だがその頃はまだ創価学会の韓国での組織は結成されておらず、会員名簿さえなかった。

一九六四年当時のソウルでも創価学会の組織は体系化されておらず、組織を率いる責任者もいなかった。李丁順を中心としたグループと朴素巌を中心としたグループは、それぞれで座談会を開いた。

大邱地域は韓国内でも最も布教が活発な地域だった。この地域の創価学会の布教は様々なルートで行われている。真っ先に創価学会を受け入れた人物は大邱刑務所に勤めていた金任善《キム・イムソン》だった。彼女は日本で五年間暮らした経験があり、日本語も話すことができて日本文化にも親しんでいた。彼女は一九六一年三月、日本に嫁いだ義理の姉から創価学会の信仰を勧める手紙を受け取った。日本に住んでいた義理の姉は、金任善に会いに大邱を訪問した。だが金任善は二年半一人で信仰したものの、布教活動は行わなかった。

雑誌を読んで関心を持ち、自発的に創価学会の信仰を受け入れたのは、大邱市東城路《トンソンロ》で手芸店を営んでいた崔圭垣《チェ・ギュウォン》だ。彼は一九六三年二月、偶然見た日本の雑誌『婦人倶楽部』の中の創価学会に関する記事を読んだ。彼は、宿命を変えることができるという話に関心を持ち、東京の創価学会本部に手紙を送った。するとまもなく本部から、大邱市三徳洞《サムドクトン》に住んでいる金任善に会ってみてはどうかという返事が送られてきた。こうして金任善と崔圭垣が出会い、ここに創価学会の大邱地区の組織の芽が出た。時は一九六三年三月であった。

それから半年後の一九六三年一〇月、東洋レーヨン名古屋工場で技術者として働いていた井下という日本人が、大邱市新川洞《シンチョンドン》にある韓国ナイロン工場に派遣された。ちょうど金任善と崔圭垣は大邱地域の創価学会の学生会を組織しており、大邱に派遣された井下に指導を依頼した。井下は崔圭垣と共に、三徳洞にある金任善の家で学生会の座談会を担当した。毎週日曜日の午前一〇時には女子学生を、午後五時には男子学生を指導した。大邱地域の創価学会は、在日韓国人の布教、韓国人の自発的な関心、そして日本人会員の力も借りて一九六三年から急速に広がり始めた〔原注15〕。

釜山には、父親から手紙を受け取って創価学会の信仰を始めた人がいた。釜山市に住んでいた徐栄来《ソ・ヨンネ》は、大阪に住んでいる父親から創価学会を信仰しなさいという手紙を受け取った。彼は父親が教えてくれた創価学会について妻と知人に話したが、信仰を始めてから三カ月たった頃、警察がこの宗教を取り締まっていることを知った。彼は警察の取調べで、この宗教の力で父親を故郷に連れ戻したかったことを明かした。彼は釜山で活動していた他の会員に会えない状態で、当局の取り締まりに怯えて布教をやめた。徐栄来を調査した警察も、彼以外の会員の動態を把握することはできなかった。釜山地域は大邱地域以上に創価学会の会員数が多い地域として知られているが、一九六四年当時、釜山地域は警察の捜査対象になるほどの組織にはなっていなかった。

光州《クァンジュ》では、食料品問屋を営む金東宝《キム・ドンボ》が一九六一年頃に、日本に住む友人から創価学会を紹介され信仰していた。日本にいた金東宝の友人は聖教新聞を送り、金東宝はその新聞を知人に渡しながら布教した。警察の調べによると、一九六四年当時の光州には一五人の会員がいたとされている。〔原注16〕

こうして創価学会は、一九五〇年代末から済州、ソウル、大邱、釜山、光州などを中心に韓国に入ってきた。ソウルと大邱を中心に急速に信徒を増やし始めたが、済州でも在日韓国人が個別に布教を始め、各家庭で小規模の集まりを行っていた。

在日韓国人の故郷と家族に対する愛情から始まった布教、韓国人が個人的な関心で始めた布教は数年間で少しずつ会員数を増やし始め、一九六三年末には約三、〇〇〇人程度になった。一九六〇年代当時、日本系の宗教である天理教の会員数が数十万人だったのに比べ、創価学会は規模も小さく、まだ組織が結成されたわけでもなかった。それでも文教部は一九六四年一月、天理教にではなく、創価学会に布教禁止令を下すことになる。

第三章　一九六四年一月に吹いてきた竜巻

1　創価学会告発記事

朴正熙大統領の第三共和国が始まった一九六四年一月、韓国の新聞には連日、創価学会の記事が掲載された。東亜《トンア》日報、朝鮮《チョソン》日報、京郷新聞、韓国《ハングン》日報など、全国規模の大手の日刊紙と数ヵ所の地方紙が創価学会の布教実態を報道して批判する記事を掲載した。ニュース報道は一月一〇日から始まり、その後、特集記事や解説、各種コラムに至るまで、数十本に達する記事が一日も欠かさず全国規模の日刊新聞に掲載された。

京郷新聞は一九六四年一月一〇日、社会面に「日本仏教」「日蓮宗」「創価学会、韓国に浸透」というタイトルで記事を掲載した。この記事は、ソウル本社に勤めていた記者が大邱地域に派遣されて取材したものだった。記事によるとすでに数万人の韓国人が創価学会の布教に応えて、多くの都市で会員大会が開催される予定だと書かれていた。創価学会が韓国へ伝わったことを社会面トップ記事として扱った理由は、それが日本から入ってきた宗教だからである。〈図3‐1〉で分かるように、記者は日本の宗教である創価学会が最近韓国に流入して貧困層を中心に急速に広がっており、この団体は東方遥拝〔訳注：日本の皇居の方向へ向かって行うお辞儀。〕と日本式の題目を

〈図 3-1〉 京郷新聞の創価学会報道記事

出典：京郷新聞　1964年1月10日　3面

唱えているので民族の正気を失わせる危険な宗教だと批判した。彼は日本を「下駄野郎」と罵倒しつつ、創価学会の布教を「思想浸透」や「精神的侵犯」と描写した。記事を読んでいると、創価学会ではなく日本の帝国主義の軍隊が再び朝鮮半島を侵略してきたような印象を与える。

記者がインタビューをした曹渓宗総務院長の金範龍《キム・ポミョン》は、「創価学会の布教に国家政策として対処しなければならない」と述べた。共和党の宣伝部長は「思想浸透を警戒しなければならないので、政府の内務部〔訳注：現在の行政安全部。日本の総務省と警察庁に相当。〕と文教部が真相を調査しなければならない」と述べた。当時、民政党のスポークスマンであり、一九九三年に第一四代大統領に就任した金泳三《キム・ヨンサム》は、韓国は経済的に日本に食われているのに精神的にまで侵犯されるのは大変な問題だと述べ、国民の覚醒と政府の早急な対策を要求した。新聞記事は一斉に、政府が乗り出して対策を立てるよう要求したのである。

一九六四年といえば韓国が日本の植民地支配から脱し、二〇年足らずの時期であった。日本に対する警戒心は韓国人の間にまだ広く残っていた。記者もその中の一人だった。

翌日（一月一二日）になると、創価学会を扱う記事は主要日刊紙全体に拡大した。韓国日報では日本の創価学会が韓国で驚くべき速さで広がっていると紹介し、創価学会の教えは願いの成就と万病の治癒、豊かに暮らせることにあるので、貧困層に深く入り込んで、都市の下町一体

〈図 3-2〉 韓国日報の創価学会報道記事

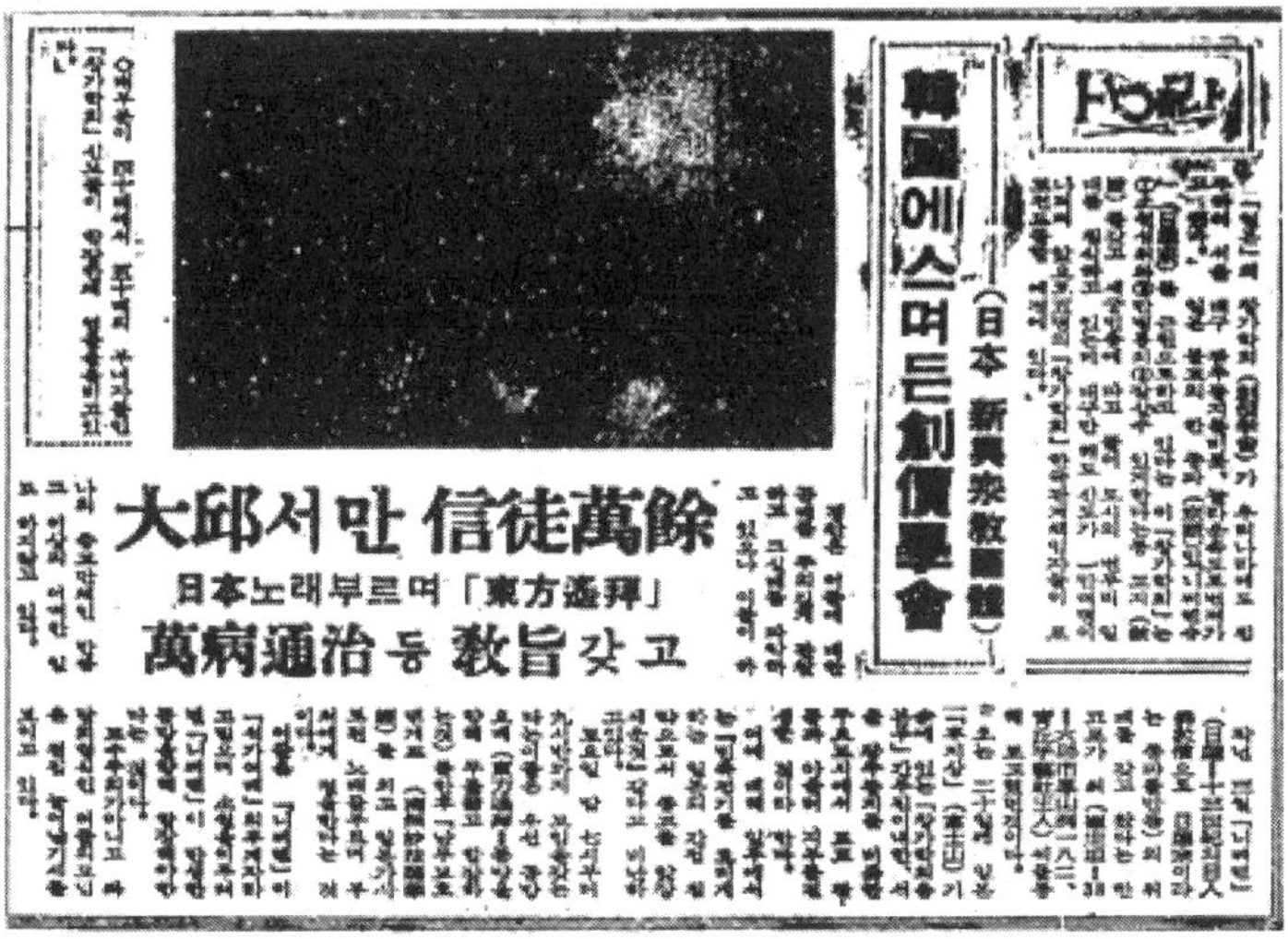
韓國에스며든創價學會
(日本 新興宗教團體)
大邱서만 信徒萬餘
日本노래부르며「東方遙拜」
萬病通治등 教旨갖고

出典：韓国日報　1964年1月11日　3面

に侵食していると伝えた。また大邱地方だけでも信徒が一万人余りにもなり、今後創価学会の日本の責任者五人が韓国に来て布教する予定だと報道した。

京郷新聞も、前日に続き創価学会の特集記事を掲載した。この記事は「創価学会韓国浸透の全貌」と大見出しを掲げ、小見出しで「真相はこうだ」として、日本語だけで読経するという点を強調した。

新聞は、日本の創価学会の会員の大多数が下層民であり、日本の知識層は創価学会を白眼視していること、創価学会がテロと共産党を連想させると報道した。それとともに信徒数を、ソウルが一万人、大邱が二五〇〇人、釜山が三〇〇〇人、順天が五〇〇人、光州が五〇〇人、蔚山《ウルサン》が三〇〇人、済州が五〇〇人と推定した。この報道は、前章で説明した当時の実際の会員数を大きく膨らませたものである。

五・一六軍事政変（一九六一年五月一六日に朴正煕が主導した軍事クーデター）以後、拍車をかけてきた日韓会談が最近再び「クローズアップ」されているこの時、……もう一つの驚くべき事実が伝えられており、聞く人の耳を疑わせる事実が生じている。昨年初め、紙上（韓国日報）で少し紹介された日本の新興宗教である創価学会が韓国に急速に浸透してきたという事実である。創価学会の構成階層を見ると、おおよそ中流以下の下流層に属する人が大多数で、特に日本の知識層には非常に白眼視されている。この創価学会の気質と本性を最もよく知ることができるのがまさに選挙の時である。第二次世界大戦直後、「テロ」といえば共産党を連想させたが、今の選挙で「テロ」といえば創価学会を連想させるのが当然になった〔原注1〕。

朝鮮日報の記者は記事を書くため、九日夜に大邱市鳳山洞《ポンサンドン》で開かれた創価学会の集会に実際に参加して観察した。彼が書いた記事の大見出しは「創価学会密入国」となっている。日蓮宗

〈図 3-3〉 朝鮮日報の創価学会報道記事

西紀1964年1月11日 (土曜日) 【6】

「創價學會」密入國

불길처럼번지는「日蓮宗」

讀經도 日本말로

全國信徒 2萬·거의 下流庶民層

「日蓮」을 釋迦의 後繼者로 信奉

<창가학회 신도들이 염불을외며 소위「동방요배」를 하고있다>

<대구지구책임자 蔡圭垣씨>

政界進出, 第3黨으로

創價學會란

出典：朝鮮日報　1964年1月11日　6面

が朝鮮半島に炎のように広がっているとし、「読経も日本語で」、「政界進出、第三党へ」と小見出しをつけた。記事は創価学会会員を、庶民層、無学層と表現している。記者の目に映った会員たちは韓国仏教の法堂ではなく、不思議な日本式の礼拝室に座り、念珠を持って不慣れな日本語で題目を唱えながら東方遥拝をしているように見えた。そのため記者は、韓国人が日本の宗教に侵食されたと考えたようだ。この記事には、大邱地域の責任者を務める崔圭垣と信徒たちの写真が一緒に掲載されていた〔原注2〕。

そして深層取材の形式で、創価学会が日本の政界に進出して第三党になったことを報じている。創価学会が一九五六年に参議院で三議席を獲得し、一九六二年には一五議席を獲得し、第三党の座に就いたと書いた。記者は、この宗教団体があたかもドイツのナチスと似たような性格を持っていて、それによって東南アジア一帯では創価学会の運動を禁止していると伝えた。

三日目の一月一二日からは、すべての中央日刊紙が解説記事、コラム、社説まで含め、さまざまな形式で創価学会関連記事を掲載した。韓国日報、朝鮮日報、東亜日報は慶尚北道《キョンサンプクド》教育庁が創価学会を告発した記事を掲載した。記事によると慶尚北道教育庁は、創価学会が未登録団体であり、申告なしに集会をしたとして、集会とデモに関する法律違反の疑いで創価学会を告発した。

軍事革命委員会は一九六一年のクーデター直後、すべての社会団体および宗教団体に登録するよう命令を下した。これにより、全国のすべての社会団体と宗教団体は義務として登録書類を提出しなければならなくなった。日系宗教の中では天理教がこの時にいち早く書類を提出して登録を終えた。だが創価学会は宗教団体登録をすることができなかった。一九六〇年代初めから韓国内の布教が始まり、当時はまだ国内組織も作られていない状態だったからである。慶尚北道教育庁は社会団体および宗教団体の登録を受け付ける担当部署であり、どの団体が登録したか未登録状態かをよく分かっていた。だが実際には一九六三年一二月一二日に社会団体登録法が全面改正され、宗教団体の登録義務は消滅した。このため、一九六四年一月に慶尚北道教育庁は創価学会を未登録団体との理由で告発したのではなく、未申告で集会を行ったという名目で告発するとした〔原注3〕。

一方、一月一三日付の京郷新聞には現場ルポ記事が掲載された。このルポは一九六四年一月一一日午後七時、ソウルの鍾路にある「希望結婚相談所」で、創価学会員六〇人が集まって座談会を開催した場を記者が見学して書いた内容である。集会場となった「希望結婚相談所」は創価学会の会員である李丁順が提供した場所で、二階建ての九坪程度のスペースであった〔原注4〕。

一九六〇年代、韓国内で創価学会の組織が定着する前の時期なので、集会の場所は個人の事業所や家を利用していた。ソウルでの集会の場所もそうだった。大邱の集会と同じように、ソウル「希望結婚相談所」での集会も秘密集会ではなかった。記者は集会が開かれる時間と場所をあらかじめ知って訪ねて行き、取材が許された。記者は集会の間ずっと取材ができ、信者たちの話を聞きながら写真も撮った。

ところが彼が書いた記事によると、宗教儀式が行われる場所が秘密の「灰色地帯」と描写されており、記事を読んだ人には、創価学会の集会が奥まった場所で秘密裏に開かれている集まりのように感じられた。また創価学会の曼荼羅は魔除けで引き戸の中に隠されていると書いた。日中は曼荼羅が引き戸の中に隠されているため、一般の人は創価学会の集会場所を知ることができないことに加えて、この宗教の集まりが灰色地帯で秘密裏に行われているという印象を持った。

新聞の写真の中には、創価学会の信者が信仰の対象として祀る本尊の写真も掲載された。会員は自分たちの活動や本尊を記者に隠したりはしなかったが、記者は本尊を引き戸の中に隠していると理解した。本尊を引き戸の中に置いたのは、他の人々から隠そうとしたのではなく、創価学会の会員たちがそれを保管する方法だった。記者の目には女子大生が会員であることさえも不自然に見え、ミンクのコートを着て念珠を手にする貴婦人の姿も貧相に見えた。記者は一〇人余りの男性についても、その場にふさわしくない人だという自分の印象をルポの中に綴った。記事のタイトルは「姿を現した創価学会」であった。本尊に書かれている文字は「魔除けの札」と紹介された。

新聞記者の取材記事とルポの文は、いずれも創価学会に対する警戒心を持って書かれた文章であり、そのために、記事化された単語からは危険な宗教を信じる韓国人会員に対する哀れみがにじみ出ている。新聞の報道が続くと社会のあちこちから警戒の声が上がり始めた。

2　警戒と取り締まりの措置

一月一三日になると、曹渓宗中央宗会議長の李青潭《イ・チョンダム》、東国大学財団理事長の孫慶山《ソン・ギョンサン》らの仏教界代表が文教部長官を訪問し、創価学会が国内に入り込んで勢力を拡大していることを指摘し、取り締まるべきだと申し立てた。これを受けて文教部は、慶尚北道教育庁に創価学会の正体を調査するよう指示した。文教部は報告を受け次第、対策を講じるとの立場を明らかにし〔原注5〕、創価学会が憲法に抵触すれば、法によって措置する方針を明らかにした〔原注6〕。

続いて五・一六軍事政変から作られた官主導団体である再建国民運動本部の慶北《キョンブク》支部は、大邱支部の婦女部長がこの団体に辞表を出したのは創価学会に入会するためであり、創価学会が再建国民運動本部にまで浸透していると主張した。再建国民運動本部は、倭色宗教〔倭国の宗教〕によって民族の魂が踏みにじられており、創価学会を邪教と規定してほしいと文教部に申し立てた。〔原注7〕この日、朝鮮日報には創価学会の侵入を警戒しようという社説が掲載された。朝鮮日報の社説では「創価学会が日本の第三の政治勢力として登場し、組織的な闘争をしているので、宗教団体ではなく政治団体だ」と主張した。

一月一四日の東亜日報のコラムは、他の新聞記事よりはるかに論理的で辛辣な批評だった。〔原注8〕論調は基本的に反日感情に基づいて、植民地支配時代の軍国主義がよみがえるような生々しい印象を描いている。創価学会の本尊を祀る仏壇を神棚と認識したのは記者の誤解によるものではあるが、植民地時代に在朝日本人たちが家の神棚で皇国軍隊の勝利を祈願していた姿を思い出したのは当然のことかもしれない。植民地時代、朝鮮人は戦場に動員され、徴用で炭鉱に連れて行かされて亡くなった人もいた。三六年間、日本帝国主義の植民地支配下で残酷な仕打ちを経験をした韓国人にとって、終戦後に日本人が退去して、独立した国となって生きてはいたものの、日本に対する不快な記憶と感情は生々しく残っていた。

日本人が伝統的に家の中に設ける宗教用具には神棚と仏壇がある。神棚には神社からもらってきた神札を、仏壇には仏像や亡くなった人の位牌、写真などを祀る。そして朝夕、その前に食べ物を供えて冥福を祈り、自分と家族を守ってほしいと先祖に祈る。

日本統治時代の朝鮮の地でも日本の警察官や官吏たちは自分の家に神棚と仏壇を置き、神と先祖を祀っていた。しかし創価学会の会員たちが祀ったものは対象も異なり仏壇の種類も違う。だが韓国人がそれを区別することは非常に難しかった。韓国人の目には、神棚であれ仏壇であれ馴染みがないのは同じである。だから記者の目には、創価学会の韓国人会員たちが学会の本尊の前でひざまずき「南無妙法蓮華経」と唱える姿が帝国主義日本の神に服従する姿に見え、日本の精神的侵略に見えた。このコラムは朴正熙政権の日韓会談と創価学会の韓国への流入を一つの枠の中に置き、この危険から国家の運命を守るためには反日意識を強化しなければならないと主張している。

一方、警察は創価学会が日本の朝鮮総連系と接触した有力な情報があるとし、本格的な捜査に着手したと発表した。〔原注9〕また警察は、創価学会の組織活動が秘密裏に進行中なので、韓国の組織に対しては徹底的に捜査を行っているところであると発表し、大邱の創価学会の責任者である崔圭垣が行方不明になったことを伝えた。警察は内務部長官の名前で文教部長官に、創価学会に対する政府レベルでの対策を立てるよう申し立てた。警察の意見を聞いた高光万《コ・グァンマン》文教部長官は一月一三日午後、「創価学会の正体が完全に判明するまで、日本人はもちろん、在日韓国人であっても布教目的の入国を許可しない」と述べた。

こうして創価学会に対する多くの新聞の度重なる報道、仏教の曹渓宗、再建国民運動本部など多くの団体の取り締まり要求、警察と文教部の取り締まり発表が続き、創価学会はますます危険で怪しい組織だと思われるようになった。

3　邪教、正体不明の宗教

一月一四日、文教部は仏教界の意見を受け入れ、創価学会を「邪教」と断定して取り締まることを発表した。そして翌一五日に文教部は、全国の各市・道（道は日本の都道府県に相当する行政単位）の教育委員会と公立・私立の小中高等学校に公文書を送り、学生が創価学会に入会できないようにする措置を下したうえ、内務部治安局に取り締まり要請まで行った〔原注10〕。

一方、大邱地域では、仏教界を中心に「独立有功者遺族会」、「在郷軍人会」、「戦没軍警遺族会」等の社会団体が大邱市庁会議室に集まり、創価学会に対する糾弾大会を開くことを決めた〔原注11〕。

〈図 3-4〉 創価学会の記事

"創價學會는 邪教"

文教部、各機關에 통고

문교부는 14일하오 최근 전국적으로 교세를 넓히고 있는 創價學會를 사교라고 판정 이를 관계기관에 통보했다. 이러한 문교부 조치는 내무부로부터 창가학회에대한 진상조사결과를 보고받고 취한것이다.

문교부는 창가학회의예배형식과 교리가 비종교적이고 민족정기를 짓밟는등국시에 어긋나는것이라고 결론을내려 사교로 판정했다.

聲討대회준비 大邱서

【大邱】「創價學會」한국의 기점으로 알려진 대구에서 각종교단체를 비롯하여 각 사회단체 공동으로「創價學會」를 성토하기위한 대회를준비중이다. 3·1절에 개최가 구상되어 불교계를비롯한 각종교단체및「독립유공자유족회」「재향군인회」「전몰군경유족회」·「전몰군경미망인회」「상이용사회」등과 사회단체 대표들은 15일하오2시 대구시청회의실에서 회합을갖고 사교로 단정된「創價學會」를 규탄하기위하여성토대회를열기로했다.

한편 13일하오에는 대구의 불교 각종파대표자들이 [illegible]에서 회합을 열고「創價學會」를 사교로 규정, 이의대책을 협의했던바 각요로에 진정키로 결의하는한편 규탄 사회운동에 적극적으로 가담할것을 다짐한바있다.

◇[illegible]의 [illegible]게 보고있는 군중

出典：京郷新聞 1964年1月15日　7 面

再建国民運動本部は、一九六一年の朴正熙による五・一六軍事政変直後に、国民の道徳意識と国家再建意識を高めるという名目で組織された官主導の汎国民運動の機構であった。この団体はソウルに本部を置き、各道ごとに支部を設置していた。中央本部はもちろん各道ごとに再建国民運動大会を開くほど、当時としては最大規模の政府系運動団体だった。

一五日が過ぎても東亜日報、朝鮮日報、京郷新聞、韓国日報などの主要日刊紙は、創価学会関連の記事を競い合うように、時には社会面だけでなく他の面にまで拡大して掲載した。どの主要日刊紙も創価学会を危険な宗教として非難する記事を掲載し、当局の積極的な取り締まりを要求する社説やコラムも増えた。

東亜日報は一月一五日、日韓会談に臨む政府高官の基本姿勢に関する社説を掲載した〔原注12〕。

朴正熙大統領は……現在進行中の日韓会談を速やかに妥結させることを明らかにしている。日韓間の国交正常化が成し遂げられることには、原則的に賛成である。だが両国間の国交正常化は、あくまでも互恵平等の大原則の上でなされるべきであり、正常化が必要だからといって、我が国の栄誉や利益を犠牲にしてまで正常化を焦る必要はない。

今日の韓国の実態を見ると、対日国交がまだ公式に正常化していないにもかかわらず、外交、経済、社会、文化の各分野ですでに国交正常化という言葉が出てきて気恥ずかしくなるほどだ。……

日本に対して無制限に開かれた門戸を通じて、日本の邪教団体である創価学会までもが我が国に浸透している。東方遥拝をして経典を日本語で読む創価学会が我が国で広がっていることをどうして嘆かずにいられるだろうか。

このように、日本はすでに韓国に経済的、文化的に社会の各分野で浸透しているが、今日の私たちのこのような実態は朝鮮末期の社会像を彷彿とさせる。民族の精神は濁りつつあり、独立国家としての威信は踏みにじられている。……

我々は日韓会談に臨む政府高官の精神的姿勢が高められることが、この時点で最も緊急に要請されると改めて強調したい。〔原注13〕

社説は日韓会談を早期に妥結させたいという朴正煕大統領に対して、韓国の利益を犠牲にしてまで国交正常化を急いでいると批判する一方、日本が外交、経済、文化の分野で制限を設けていないため、創価学会までもが我が国に浸透していると嘆いている。そして、このような実態は朝鮮末期の社会像と同じで、民族の精神が濁りつつあり、独立国家としての威信は踏みにじ

〈図 3-5〉 創価学会の記事

韓國日報 1964年1月15日 (水曜日)

創價學會

「正體不明」의 正體를 벗긴다

政治와 宗教의 中間

末法의 日蓮앞에 千萬信徒가

日本의 指導者 池田大作

日本에서의 創價學會

「天照大神」앞에 佛像태우고 大折伏運動으로 勢를 벌여

南無妙法蓮華經 日蓮

軍國의 냄새짙어 處理에도 愼重을

各界의 反響

出典：韓国日報 1964年1月15日 4面

じられているとして、日韓会談に臨む政府高官に精神的な姿勢を正すことを促している。

韓国日報は「正体不明の創価学会の正体を暴く」とのタイトルを掲げ、池田大作に関することや創価学会が韓国に入ってきた過程、ソウルの創価学会に関する記事を掲載した。記者は創価学会が政治と宗教の中間団体だと評価する。

同日、東亜日報には高麗大学史学科の金成植《キム・ソンシク》教授の批判が掲載された。彼は政治家が創価学会の布教を放任していると批判し、創価学会が韓国の政治集団として発展していくと主張した。さらに、この宗教を韓国国民が信仰すれば、日本への巡礼の気持ちが生まれることになるだろうとし、創価学会を笑い物扱いするだけでは非常に深刻な事態になると述べた。そして、「この宗教が教育を受けていない人々の間に広がり、韓国の政界にまで進出する時、その人たちにも投票権が与えられていることを知っておかなければならない」と強調した。さらに「この宗派の裏には（北朝鮮系の）朝鮮総連が隠れて韓国に浸透している」と述べた〔原注14〕。

京郷新聞には「〈真相暴露〉これが創価学会だ—前会員が公開する疑惑の全て」という見出しと共に、早稲田大学政治経済学部の在日韓国人学生である白哲《ペク・チョル》の寄稿が掲載された。彼は寄稿文で、「一家や一国に悲運をもたらす芽が出始めたら、これが大きく繁殖する前にいち早く、そして徹底的に摘み取ってしまうのが後のトラブルを未然に防ぐ最も賢明な道だ」と語る。韓国の創価学会会員に対しては「国民としての主体性を忘れ、祖国の将来に悲運をもたらそうとする愚かな民だ」と批判する。

私は本当にあなたたちの精神状態を疑わざるを得ません。どうしてそうなのですか。日本製のナイロン靴下が良いと言っていましたが、あなたたちはまるで靴下を選ぶように宗教も日本製を選んだというのですか。あなたたちは自分の口を誰から受け継いだと思っているのですか。その口で南無妙法蓮華経とこの地の上で叫ぶなんて。

愛する同胞よ！　これはとても深刻な問題ではないでしょうか。創価学会は決して宗教団体ではありません。もし韓国の地に創価学会の総支部が組織されれば、それはまさしく東京から指令を受ける創価学会という日本の政党の一部です。信者はそのまま、創価学会の会長を党首としてあがめる創価学会党の党員になります〔原注15〕。

右の寄稿文で白哲は、韓国に数十年前から伝わっている法華宗では「南無妙法蓮華経」を韓国語の発音で唱えているのに、創価学会では日本語の発音で唱えていると批判する。彼は韓国人が創価学会の問題を深刻に捉えること、創価学会の会員たちが民族的覚醒と良心を持つことを訴え、創価学会が韓国の地に悲運を呼び込む芽にならないことを願うと締めくくった。

続いて一月一七日には、権五琦《クォン・オギ》という東亜日報の東京特派員が、日本での取材を通して創価学会の沿革や組織などを整理し、創価学会の正体に関する特集記事を掲載した。権五琦特派員が送ってきた記事には、創価学会の組織編成図が描かれていた。記事の内容の一部は、次のようなものだ。

当時、会員（信者）は東京を中心にわずか三〇〇〇世帯程度だったが、戸田氏はいわゆ

〈図 3-8〉創価学会の記事

「創價學會」正體는 이렇다
東京에서 權五琦特派員發
怪常한宗教的行動隊
參議員15名이나 내고
海外組織할 때엔 政治性감춰
創價學會組織表

出典：東亜日報　1964年1月17日　3 面

る「折伏（入会勧誘）大行進」を唱え、自ら精力的に折伏活動を行った。これがちょうど日本国内の政治に対する不信感の中で、中小企業の事業者や未組織の労働者など比較的裕福でない人々からの反響を得て、着々と会員を呼び寄せた。その勢力は、戸田氏が亡くなった一九五八年には七五万世帯になり、現会長の池田大作氏が三代会長になった一九六〇年には一七〇万世帯、一九六三年一〇月現在では四〇〇万世帯と急速に増えた。

創価学会が信じる日蓮正宗の総本山は富士山の大石寺であり、学会はその信徒の集団であるため、会長は教祖ではなく、創価学会の関係者たちは「創価学会はいわゆる新興宗教ではない」と言う。

〈図 3-9〉 創価学会の記事

出典：朝鮮日報　1964年1月17日　5面

権五琦特派員は、当時の日本の新聞や雑誌に載った創価学会関連記事を読み、整理してこの記事を書いたようだ。当時、日本のほとんどの主要日刊紙は、創価学会の急速な成長に恐怖を感じた宗教教団と政党幹部の立場を代弁していた。そのため、創価学会を肯定的に見るよりは各種の疑惑を提起し、また疑いを膨らませて非難する報道が大部分であった。権五琦特派員もやはり、このような日本のメディアの報道姿勢に従った。

朝鮮日報でも同日、「邪教か正

教か：創価学会の正体」というタイトルの記事を掲載し、韓国仏教界の意見を受けて書いた。仏教学者や大韓仏教曹渓宗総務院、円仏教《ウォンブルギョ》〔訳注：一九一六年に朴重彬（パクジュンビン）が創始した朝鮮の仏教系新宗教。〕ソウル支部の意見を聞き、創価学会の宗教的背景と布教方法、政治参加度に関する記事を載せた。この記事の焦点は、創価学会が邪教か正教かという点にあった。邪教と正教に分けて見るのは、当時の一般人が宗教に対して持っていた認識の枠組みだった。

宗教を邪教と正教に分けることは、すでに一九五〇年代に韓国社会で何度も問題になり、新聞紙上を賑わせた。

既成宗教から枝分かれした新興宗教は、異端であると攻撃されるのが常だ。時には教理解釈の違いから、時には儀礼手続きについての意見の相違から異端として扱われる。

五〇〇年前のヨーロッパでマルティン・ルターが、腐敗したカトリック司祭たちを攻撃してプロテスタントが出てきたように、新興宗教は、既成教団の不正腐敗がひどくて、これを打ち破る時に生じるものである。だがこの時、既成教団は自身の不正や問題点を覆い隠したまま、新しく出現した教団を異端だと攻撃し、対外的に知らしめることで新興宗教を孤立させようとする。日本では、布教する力を失った既成仏教の根から新興宗教が湧き出て大衆の大きな共感を得ると、既得権を持つ宗教勢力は大いに慌てた。

韓国仏教界では、仏教に根ざした創価学会を大きな脅威として受け止めた。仏教界は創価学会を糾弾する大会を全国的に行う方針を討議しようとしたが、政府が創価学会に対する調査を進めていたため、まず自分たちの教団所属の僧侶と信徒に対して、創価学会を警戒するよう啓蒙と監督を徹底することにし、これによって政府は創価学会に対する措置を講じることになった。

第四章　国家権力、文教部と内務部

1　文教部の取り組み

マスコミや仏教界はもちろん、再建国民運動本部をはじめとする様々な政府系の団体も創価学会を警戒していた。文教部は、創価学会に関する記事が新聞に報道され始めると、慶尚北道教育庁を通じて創価学会の実態を調査するよう指示する一方、国内の主要宗教団体から意見を聞き始めた。

仏教界の代表が文教部長官を訪問して創価学会を取り締まるよう要求し、再建国民運動本部などの社会団体も創価学会の布教を取り締まるよう申し立てた。このような取り締まり要求が文教部に向かったのは、宗教団体を担当する部署が文教部だったからである。だが当時の文教部の担当職員たちは、創価学会がどんな宗教団体なのか把握できずにいた。ただ数日前から新聞に掲載されている内容を通じて概要を把握するだけだった。そして文教部は宗教関連の業務を担当するだけで、布教を禁止する権限は持っていなかったのである。

一方で文教部は、創価学会を邪教と断定して取り締まることを発表し、全国の学校の学生たちに創価学会への入会を禁止する内容も送ったが、その翌日には、まだ創価学会を邪教と断定することはできないと一歩後退する姿勢を見せた。創価学会の布教活動に対して普段から注意を払って調査してはいなかった文教部が、創価学会を邪教と決定して布教活動を禁止した措置は、各方面から突然押し寄せた要求に対応し、混乱に陥っていたためであった。文教部は創価学会を「邪教」と発表したものの、今後どのように処理するのか明確な方向を決められず、右往左往していた。

だが連日のように創価学会の批判記事が主要な日刊紙に入れ替わり立ち代わり掲載されており、内務部長官が公文書で対処してほしいという要求をしてくるとすぐに文教部は警察の要求と社会的圧力に押されて創価学会を取り締まる方向で方針を立てた。

2　文教部と治安局情報課

一九六四年一月一四日、文教部長官宛に「課報送付」というタイトルの内務部の公文書が届いた。内務部が入手した創価学会に関する情報を、文教部の政策の参考にするよう送られたものだった。参考事項としては「日連宗創価学会の分析および対策」という文書も添付されていた。この文書は内務部の治安局情報課が作成したものだった。

この文書には創価学会の歴史、教理、理念、布教方法、韓国に伝わった経緯、現状、各界の反応、展望、対策の順に幅広く整理分析されている。これは韓国の創価学会についての総合報告書だった。そのうちの一部をここに紹介する。

●創価学会に対するの各界反応

A. 文教部

（一）宗教団体か政治的な団体か、宗教団体であるなら正教か邪教かを調査するために大邱を中心に調査中である。

（二）同調査が終わり次第、文教部傘下において各大学の宗教担当教授（特に神学部の教授および哲学部の教授）で構成された宗教審議委員会に付託し、正教か似非宗教かという問題を審議判定するものとする。……

●対策

A. 警察の処置
文教部主管で完全に調査され、同部傘下で構成されている宗教審議委員会（以前、朴泰善《パク・テソン》長老教会を邪教とみなすか否かという際に構成され審議したことがある）の審議によって似非宗教あるいは政治的社会団体と判定された場合には、
（一）社会団体登録に関する法律第三条（登録）、第一〇条（罰則）
（二）軽犯罪処罰法第一条四二項、誹謗を掲げて防疫または診療行為を行い、その他の迷信療法を行って民心を惑わし、または健全な秩序を害した者に適用、主導者および伝道者に措置を行う（拘留、科料）。
B. 国民の啓蒙方法による措置
宗教審議委員会で邪教ではないという判定を下す場合には、国民再建運動本部とその他の啓蒙団体および学生運動を通じて日本の間接侵略行為を糾弾し、民族意識を奮い起こす汎国民運動を展開しなければならない。
C. その他の宗派による措置
大韓仏教曹渓宗総務院、韓国キリスト教連合会、カトリックなどの宗教団体を通じて、民族感情（日本人である日蓮という人間を教主として祀ることはできない）から排撃するよ

う措置する〔原注1〕。

宗教行政の業務は、大韓民国の政府部署の中でも当時の日本の文部省に該当する文教部の所管事項であった。だが宗教行政を担当する文教部の職員たちも異動によって所属部署は変わるため、宗教業務を専門的に把握している公務員はおらず、それまではプロテスタント、カトリック、仏教についての業務が大部分であった。ところが突然議論の対象になった創価学会については良くわからなかったため、内務部治安局情報課で収集した情報を参考にするしかない状態だった。

治安局情報課が文教部へ送った文書の内容を見てみると、情報課はかなりの期間、創価学会の情報を収集整理しており、文教部が創価学会を対象にどんな政策を立てて推進すべきなのかまで具体的に提示している。

文教部は、曹渓宗の要求に対して、大邱地域の創価学会を調査中だと答えたが、実際に創価学会について調査をしていたのは内務部所属の治安局情報課であった。だが情報課は、自分たちが行っていることを対外的に公開することはできず、創価学会を調査しているのは文教部だと言ったのである。内務部の治安局情報課が中心となって創価学会を内偵していたため、文教部は情報課の指針に従って宗教審議委員会を開き、創価学会を似非宗教あるいは政治団体と判定することになる。

内務部では、宗教審議委員会で自分たちが望む通りに判定がなされた場合、社会団体登録に関する法律と軽犯罪処罰法を適用して創価学会を取り締まる考えだった。だが、もしも希望通りの判定が行われない場合には、国民再建運動本部をはじめとする政府系団体を動員し、学生運動を通じて創価学会を糾弾する汎国民運動を展開するつもりだった。また、曹渓宗とキリスト教連合会、カトリックなどの宗教団体を通じて創価学会を排撃しなければならないと考え、今後の推進日程を文教部に提示した。

この文書はそれ以降、文教部が創価学会に関する政策を確立して推進する指針書の役割を果たす。ではなぜ文教部が宗教関連業務を担当したのか。そして内務部治安局情報課、つまり警察がなぜ創価学会という宗教団体に関してこれほど詳細に調査した報告書を作成し、関連政策まで提案したのか。次は韓国の内務部治安局情報課について見ていくことにする。

3　朝鮮総督府の行政と大韓民国政府

日本統治時代、朝鮮総督府の学務局が宗教にかかわる行政業務を担当した。当時、宗教のカテゴリにはカトリックとプロテスタント、そして仏教だけが入っていた。儒教も管理対象には含まれていたものの、宗教ではなく学問と分類された。

朝鮮総督府学務局は、カトリックとプロテスタント、仏教の指導者に対し総督府の施策に協力するよう強要した。戦争が起きると、宗教指導者である神父、牧師、僧侶たちに、信者を督励して国防献金を出させ、戦場に出る若者たちを祝福させ、戦死者の遺骨が戻ると聖職者が慰霊祭を行うようにした。

一方、朝鮮総督府は、朝鮮の天道教《チョンドギョ》、甑山教《チュンサンギョ》、大倧教《テジョンギョ》などの新興宗教と民間信仰活動を宗教ではないとみなしたため、学務局ではなく警察が管理した。警察は天道教、甑山教、大倧教などの新興宗教は思想的に危険であり、民間信仰活動については社会的な問題を引き起こすと見なした。そのため警察は、担当者を決めて随時査察を行い、結果を上層部に報告した。日本統治時代の末期になると、朝鮮総督府は朝鮮の様々な宗教団体を強制解散させたりもした。

このような政策が続くと、総督府が認める教団だけが宗教として認識された。残りは類似宗教という名前でくくられ、警察の監視対象になった。このような総督府の分類方式は韓国人の宗教に対する認識の枠組みとして作用し続け、終戦後も影響を及ぼした。〔原注2〕

一方、韓国警察の歴史を見ると、一九四八年の大韓民国政府樹立以後、内務部長官傘下に治安局を設置し、各市・道に警察局を設置した。警察の業務は警務、保安、捜査、査察、通信、消防に分類された。日本の統治下で高等警察と呼ばれていた部署は特殊情報課という名前で維持された。その歴史的な根元を突き詰めれば、内務部治安局情報課は日本統治時代の高等警察にまでさかのぼる。日本国内でもそうだったが、特に朝鮮での高等警察は朝鮮独立運動家や社会主義系の活動家の動向を探知し、彼らのテロおよび大衆扇動の可能性を事前に防ぐ役割を担っていた。そのため一般の警察官ではなく、高等教育を受けた知的水準の高いエリート警察官であった。〔原注3〕

そのような流れは終戦後も続いていた。日本人幹部の下で活動していた高等警察の刑事たちは治安局情報課の要員になった。終戦直後、彼らは民族の反逆者として目をつけられ隠れて過ごしていたが、米軍の軍政が始まると再び警察の一線に復帰した。日本人幹部たちが日本へ帰った状態だったので、彼らは韓国警察組織の幹部として再登用された。

李承晩大統領は終戦後、政権を獲得する過程で警察組織の絶対的な支援を受け、政権を維持していた時期は常に警察と密月関係にあった。国会が反民族行為者処罰法を制定し、反民族行為者を捜査して処罰する委員会が稼動すると、これに最も反対した人物は李承晩大統領だった。彼は自分の腹心である警察幹部が反民族行為者として取り調べを受けることになると、委員会を解散させた。こうして保護を受けた警察幹部たちが李承晩の手足となってあらゆる悪行を行った。李承晩は、第一共和国政府に朝鮮総督府時代の幹部を数多く登用し、自身は王のように国民の上に君臨した。

一九六〇年六月一日、治安局特殊情報課と各道の警察局査察課は、すべて情報課という名前に改称された。これにより警察署の査察係も情報係に改称され、機能を補強した。この治安局情報課の仕事は、全国の宗教団体に対する査察を行い、情報を収集して上層部に報告する事であった〔原注4〕。

日本統治時代に学務局と警察に二元化されていた宗教業務は、終戦後の第一共和国では文教部に任されていた。少なくとも公式的にはそうであった。独立後、大韓民国政府では、内務部の治安局情報課は、少なくとも公式には宗教業務を担当していなかった。宗教業務はすべて文教部に移行していたからだ。日本の植民地時代には類似宗教に分類され、警察の査察対象だった天道教、甑山教、大倧教などの新宗教についても、仏教やプロテスタント、カトリックと同じく文教部が担当した。

だが実質的には日本統治時代と同様に、警察も文教部とともに宗教関連の業務を処理していた。まず一九六〇年代以降、警察の査察業務は情報課に統合され、全国の主要寺院とカトリック、プロテスタント教会、そしてその他の宗教団体を監視していた。その理由は、宗教団体の反共体制確立のために随時思想動向を点検し、左翼思想を持つ不純分子を捜索するためであった。それだけでなく、宗教紛争が起こると警察が介入した。一九五五年、韓国で一〇%にも満たない比丘僧〔訳注：出家して妻帯せずに独身で戒律を守る生活をする僧。〕が、九〇%を超えていた妻帯僧を全国の重要な寺院から追い出した。それはキリスト教の信者である李承晩大統領が持っていた価値観によって起こされた事件だった。李承晩大統領は僧侶なら独身者であるべきだと信じていたので、妻を持つものは僧侶ではないと思っていた。警察は李承晩大統領の指示に従って比丘僧を支援して警護した。一方、弾圧に耐えながら自分の寺を守ろうとする妻帯僧を引きずり出す役割を担ったのも警察だった。

4　内務部　治安局　情報課

日韓の国交はまだ樹立されていなかったが、一九六一年以降、韓国への訪問ビザを申請する日本人は年間数千人に増え、日本との多様な交流が行われていた。また、すでに進行中だった日韓交渉も近いうちに妥結すると予想される雰囲気だった。そのため訪問ビザをあえて拒否する理由も名目もなかった。

このような状況にもかかわらず、政府機構の中で日本からの訪問ビザを認めるかどうかの鍵を握っていたのは外務部旅券課ではなく、治安を担当する内務部治安局であり、その中でも核心的な役割を担う情報課であった。治安と情報を担当していた内務部の治安局情報課は、当時の大韓民国で最高の権力機関だった。一九六一年の朴正煕の軍事クーデター以後、最高の情報機関として中央情報部が作られたが、情報の収集と活用に長年の経験を持つ治安局情報課は依然として重要だった。そのため軍事革命委員会は、一九六一年の軍事クーデター直後、現役軍人を全国の市・道知事や警察部署の長や情報責任者に任命した。警察組織の核心を軍人が掌握したのだ。

一九六四年一月の治安局情報課には、現役の軍出身の責任者と、長年の経歴がある情報警察の警察官が配置されていた。彼らは普段から、情報収集活動を通して国内の宗教動向を把握していた。では治安局情報課が文教部に指示して開催した宗教審議委員会はいかなる団体であり、どのような活動をしたのだろうか。

5　文教部宗教審議委員会の開催

文教部は一九五八年から、韓国の新興宗教である伝道館と統一教会が邪教か否かを審議するために宗教審議委員会を設けていた。宗教審議委員会は、実質的な審議機構というよりは、政府がプロテスタントの要求を受け入れたことを対外的に知らせるための道具として活用されたので、頻繁に開かれていたわけではなかった。伝道館と統一教会はプロテスタントから出発した新興宗教であり、集まる人も大部分がプロテスタントの信者だった。そしてその当時、プロテスタント、特に長老派は際限なく分裂を繰り返していたため、各教団の関係者は自分の教会から抜け出す信者に敏感になっている状態だった。

一九六〇年二月に、いわゆる「朴《パク》長老教」と呼ばれた伝道館と、文鮮明《ムン・ソンミョン》の統一教会が邪教か

〈表４‐１〉宗教審議委員会の参加状況

分野	人員	参席者
宗教界	七人	李清潭（曹渓宗 中央宗会 議長）、李鍾益（曹渓宗 信徒会 副会長）、孫京山（曹渓宗仏教総務院長）、李南采（妻帯僧側 僧侶）李東洛（天道教 代表）、金斗鍾（大倧教 副代表）、吉鎮京（韓国キリスト教連合会 総務）
学界	六人	金法麟（東国大学総長）、趙明基（東国大学校仏教学部長）、金基錫（檀国大学 教授）、申四勲（ソウル大学宗教学科 教授）、金箕斗（ソウル大学法学部教授）、申奭鎬（国史編纂委員会事務局長）
文教部	四人	尹泰林（文教部次官）、許善行（文教部文芸体育局長）、崔済万（文教部社会教育課長）、李元植（文教部社会教育課宗教係長）
内務部	一人	姜 警監（治安局情報課文化班長）

出典：文教部社会教育課、「創価学会布教対策のための宗教審議会会議録」（一九六四年一月一七日）、「その他の仏教団体（創価学会）」、所蔵機関国家記録院、管理番号BA0103891、229-236ページ。

どうかを決定するための宗教審議委員会が初めて開かれた。〔原注5〕この時、宗教審議委員会に委嘱された委員は二二人であり、プロテスタントの各教団代表一五人、カトリック一人、仏教一人、天道教二人、大学教授三人だった。宗教審議委員会の委員に委嘱されたプロテスタントの指導者は、伝道館と統一教会が邪教であり、異端であると主張して政府の取り締まりを要求した。

一九六〇年二月、宗教審議委員会は伝道館と統一教会に対して邪教であるとの烙印を押した。

それから四年後の一九六四年一月一七日、文教部は治安局情報課の要請により、創価学会についての宗教審議委員会を開いた。ここで一月一七日に創価学会に関する宗教審議委員会がどのような結論に至ったのか、議論の過程を見てみる必要がある。構成メンバーは宗教界八人、学術界八人、言論界一人で構成されていると発表された〔原注6〕。

宗教審議委員会の参加状況を見ると、申仁植《シン・インシク》カトリック副主教、洪以燮《ホン・イソプ》教授とカトリックを研究している李弘植《イ・ホンジク》教授、言論人として委嘱された金光渉《キム・グァンソプ》合同通信編集局長が不参加となっている。不参加の理由は詳しくは出ていない。ただカトリック側は、初めに連絡を受けた時から見解を述べることはできないと参加を拒否した。この日の宗教審議委員会は委員に委嘱された一七人のうち四人が参加せず、参加委員は一三人に減った。政府側からは、文教部の役人四人と内務部治安局情報課の実務責任者一人が参加した。

宗教界委員の出席者七人のうち、プロテスタント、天道教、大倧教側の代表はそれぞれ一人ずつだったが、仏教側の代表は四人だった。曹渓宗からは中央宗会議長、仏教総務院長、信徒会の副会長、そして妻帯僧側の僧侶の代表が出席した。さらに、学術界関係者として参加した東国大学総長と東国大学仏教学部長も曹渓宗の僧侶であり、仏教界代表は合わせて六人になる。プロテスタント側は吉鎮京《キル・ジンギョン》総務と、教授を兼任している申四勲《シン・サフン》牧師の二人だった。一方、法学を専攻する金箕斗《キム・ギドゥ》教授、哲学専攻の金基錫《キム・ギソク》教授、歴史専攻の申奭鎬《シン・ソクホ》教授を合わせても、学術界からの参加者は少数であった。したがって、宗教審議委員会は構成面から見て仏教、中でも曹渓宗の立場が最も大きく反映される構造となっていた。急いで招集された宗教審議会は、一月一七日午後三時から文教部会議室で尹泰林《ユン・テリム》文教部次官の司会で開かれた。

尹泰林は一九〇八年生まれで、京城帝国大学法文学部を卒業した人物である。高等文官試験行政科に合格し、日本統治時代末期には黄海道金川郡《ファンヘドクムチョングン》の郡守を務めた。終戦後、ソウル地方検察庁の検事を経て弁護士として活動し、一九五二年からソウル大学教授になった。五・一六軍事政変後、中央情報部政策研究チームに合流し、一九六三年に文教部次官となった。

6　宗教審の会議進行過程

この日に開かれた宗教審議委員会の模様は、ソウル地方検察庁が文教部に依頼した公文書と文教部が送った内部文書を通じて見ることができる。一九六四年一月二一日、ソウル地方検察庁は文教部担当者に、宗教審議会の開催結果を知りたいという公文書を送る。これに伴い、文教部の担当者は、宗教審議会の進行中に実務者が書き留めた「各委員発言要旨」を添付ファイルとして送った〔原注7〕。

この宗教審議委員会の進行過程を見てみよう。まず口火を切ったのは吉鎮京牧師であり、曹渓宗の高位指導者たちが続いて発言した。

吉《キル》・鎮京《ジンギョン》牧師（韓国キリスト教連合会総務）

創価学会の信徒たちが祈る時に必ず座布団を使うということだが、座布団の下に何があるか確認したのか。日本人から聞いたところ、座布団の下にお守りを隠すそうだ。創価学会は、単一宗派である韓国仏教界に混乱をもたらすものだ。ある日本人牧師も、創価学会は日本のために作られた宗教であり、他国への布教は不可だと述べている。これは秘密の教えとして密輸入されたものだ。韓国の伝統仏教に日本の雑教を混ぜることはできない。民族的な精神としても受け入れることはできない。

孫《ソン》・京山《ギョンサン》僧侶

韓国仏教には正統で伝統的な曹渓宗しかない。韓国仏教は単一化するべきであり、創価学会を排撃する。

李鍾益《イ・ジョンイク》曹渓宗全国信徒会副会長

創価学会は排他的で、国粋主義的で、あまりにも現実主義的だ。教理が独善的であり、日本国の神である天照大神、八幡大神を法華経の守護神と主張しているので、創価学会を排撃する。

趙明基《チョ・ミョンギ》東国大学仏教学部長

創価学会は排他的な宗教で、あらゆる既存の宗教を認めない。日本人自身もこれを評して、愛国的なことは良いが、既成宗教を粉砕するべきだという排他的な行動が悪いと言っている。もし創価学会が我が国に蔓延すれば、我々の国是に反するのみならず、日本の天皇と天照大神を信じなければならず、既成の宗教団体を破壊することになる。また創価学会は政界進出をするつもりでもあるので、韓国の国是に合わない宗教なのだ。創価学会の創価は価値創造を意味するが、既成宗教には価値はなく「創価学会」だけに価値があるという意味だ。

金法麟《キム・ボプリン》東国大学総長

国粋主義的な日本の宗教を国内に蔓延させれば、どのような事態が発生するか分からず、国の安全を考慮すればこれを防止しなければならない。

李清潭《イ・チョンダム》曹渓宗中央宗会議長

韓国には韓国の伝統的仏教である曹渓宗がある。創価学会の蔓延防止のためには植民地時代の三・一独立運動〔訳注：日本統治時代の朝鮮において、一九一九年三月一日に起こった日本からの独立運動。〕のような汎国民的運動を展開するのが良いだろう。

申奭鎬《シン・ソクホ》国史編纂委員会事務局長

植民地時代の緑旗連盟〔訳注：一九三三年に結成された在朝鮮の日本人団体。朝鮮総督府を支持して植民地支配の一翼を担った。〕は日蓮宗と関連があると分かっており、民族的な義憤から見ても創価学会を信じる者は民族の反逆者である。

吉鎮京牧師は、一九一九年の三・一独立運動の時、民族代表三三人に入った吉善宙《キル・ソンジュ》牧師の息子である。彼は一九三三年に朝鮮イエス教長老会神学大学を卒業して牧師になり、アメリカの神学校も卒業した。解放後は進歩教団であるキリスト教長老会所属の牧師になり、一九六〇年から一九六八年まで韓国キリスト教協議会の総務を務めた。彼は、父親が有名な独立運動家であることを誇らしく思っていた。さらに一歩進んで、プロテスタントこそが大韓民国の民族精神を守る宗教だと信じていた。創価学会は迷信であり、密教であると同時に雑教だと断言する。一方、創価学会が韓国に入れば単一宗派である韓国仏教に混乱をもたらすと懸念した。はたして、当時のプロテスタントと仏教が民族の精神を守る韓国宗教なのかどうかを断言することは難しいが、当時の仏教界は一〇年の間ずっと、妻帯僧と比丘僧に分かれて紛糾を繰り返していた。吉鎮京牧師は、創価学会が日本人のために作られた仏教なので、韓国民族の精神を守るためにも創価学会を受け入れることはできないと主張した。

国史編纂委員会の中奭鎬事務局長は、朝鮮で活動した親日団体「緑旗連盟」と日蓮宗が関連しているとして、創価学会に対して否定的な見解を明らかにした。日本の仏教内でも日蓮宗は非常に大きな宗派であり、日蓮宗の中にも数多くの分派がある。さらに日蓮宗の信者が、緑旗連盟はもちろん、国柱会などの団体を組織して活動したことがある。だが緑旗連盟と創価学会は関連がない。むしろ日本国内では、日蓮宗が創価学会の活動を妨害し、批判していた代表的な団体であった。

中事務局長は、朝鮮総督府が設立した朝鮮史編纂会に一九三〇年から入り、朝鮮史の整理作業の先頭に立った人物である。一九四五年に朝鮮が日本から解放されるとすぐに独島（竹島）を研究し、朝鮮史編修会で働いた経験を生かし、現在の国史編纂委員会の母体である「国史館」を組織して責任者として働くと同時に、高麗大学の教授として一九六六年まで在職した。

曹渓宗系列の僧侶とプロテスタント牧師、そして中事務局長は、治安局情報課が出した内容に同意し、創価学会を取り締まるべきだと主張した。

だが彼らとは考えが異なる出席者もいた。まず、妻帯僧を代表して出席した李南采《イ・ナムチェ》僧侶は、曹渓宗の僧侶とは異なる意見を出した。

李南采《イ・ナムチェ》僧侶
創価学会の蔓延が既成の宗教団体に被害をもたらすとは思えない。排他的だからといって宗教になれないわけではない。従って創価学会に対する問題とは、純粋な宗教団体なのか政治団体なのかという事だ。

彼は日本の宗派が韓国に布教されること自体を問題視するのではなく、政治団体であるかどうかを確認しようと述べた。続いて学術界からの出席者も、曹渓宗やキリスト教の立場とは異なる考えを示している。

金箕斗《キム・ギドゥ》ソウル大学法学部教授

非宗教者として意見を述べる。過去、文教部でプロテスタント系の朴長老教に関して、正教か邪教を裁定するための審議会が開かれた時も主張したが、宗教とはいかなる絶対的な信仰対象であっても、それを信じれば宗教であって、正教か邪教かの裁定はできない。ただ、その宗教団体の行為が我が国の法に抵触するのであれば、法による処理が妥当と考える。

金基錫《キム・ギソク》檀国大学教授

文教部に宗教問題を研究する機関の設置が必要だ。創価学会の韓国侵入は既成宗教が自分の役割を果たせなかったからだと考えられ、韓国の宗教家の覚醒を促すものだ。だが現在としては創価学会の正体が分からないので、その正体を完全に把握した後、布教の可否を決めた方が良い。

また、政府当局が乗り出して法的に禁止するより、民間の反対運動を呼び起こす方が良いという意見もあった。

金法麟《キム・ポプリン》東国大学総長
この場では、正教か邪教かを選り分けるより、政治的に見て国是に反するものだと規定して処理するのが妥当だ。

李清潭《イ・チョンダン》曹渓宗中央宗会議長
創価学会の蔓延を防止するためには、三・一独立運動のような汎国民的運動が展開されなければならないと思う。

申四勲《シン・サフン》ソウル大学教授
国是に反している創価学会を放任することはできないので、懇談会などで啓蒙した後、政府は徐々に方策を研究して処理することが妥当である。

当局の宗教抑制に疑問を持ったのは大倧教の副代表だった金斗鍾《キム・ドゥジョン》一人だった。これに対して、治安局情報課文化班長の姜《カン》警監〔訳注：日本の警察の警部に相当。〕が次のような要旨の発言をする

金斗鍾《キム・ドゥジョン》大倧教副代表
当局がこれを抑制する場合、潜在化してむしろ社会に被害を与える恐れはないか。

姜《カン》警監：情報課文化班長
従来の宗教規制の例から見れば、抑制すると潜在化する可能性がかなりあり、表面的に違法だと規定しても宗教関係の規制法がないため取り締まりは困難であり、創価学会の蔓延防止策としては次の措置を取ることが考えられる。
一．汎国民運動で創価学会を防止する。
二．創価学会の布教冊子の輸入を取り締まる。

姜警監の発言こそ会議の進むべき方向を提示していた。総じて創価学会を否定的、批判的に

評価し、政府が乗り出して取り締まるべきだという見解を述べたのは仏教界の委員たちだった。キリスト教連合会総務の吉鎮京牧師も積極的に発言し、布教禁止を主張した。だが民族宗教と呼ばれる両教団、すなわち天道教側は何の発言もせず、金斗鍾大倧教副代表は、創価学会は潜在化する恐れがあるとして当局の取り締まりに反対した。

学術界からの委員である東国大学の金法麟総長と趙明基学部長、そして国史編纂委員会の申奭鎬事務局長は創価学会を取り締まることには賛成したが、他の委員たちは反対、または慎重論を述べた。ソウル大学の金箕斗教授は「宗教そのものを正教か邪教か断定することはできない。ただその行為が韓国の法律に抵触すれば、法によって処理することが妥当だ」と反対意見を述べ、ソウル大学の宗教学者である申四勲教授は「基本的には取り締まりに賛成するが、政府が徐々に法案を研究して処理せよ」という慎重論を述べた。宗教審議委員会の委員の発言をまとめてみると、仏教界の僧侶とプロテスタント牧師は創価学会を「反民族的、反国家的な倭色宗教」と規定したが、反対論と慎重論が共に出された。

委員たちは順番に自分の意見を出しはしたが、活発な討論をしたのではなく、何の結論も出ない状態で終わった。それでも司会を担当した尹泰林文教部次官は、会議を締めくくる発言として「今まで皆さんが話されたことをまとめれば、創価学会は『国是に反して反民族的』とい

う結論を得ました。関係部署と協議して慎重に処理したいと思います」という結論を下した。〔原注8〕

こうして宗教審議委員会は内務部治安局情報課が求めた方向で会議を終え、一回のみで終了した。だが、この会議の結論はその後、韓国の宗教問題を扱う際に重要な根拠として利用されることになった。

7　会議場での注目すべき人物

会議には二人の注目すべき人物が参加していた。一人は警察の情報課の担当官であった。会議録には「治安局情報課文化班長姜警監」としか書かれていない。他の参加者の名前は全員明らかにされているにもかかわらず、情報課の担当者だけは秘密のベールに包まれていた。

治安局情報課文化班は、普段は各宗教団体の内部事情を査察して上層部に報告する任務を負っている部署で、国内の宗教団体に関する情報に精通するのみならず、最新の事情も正確に把握している部署であった。そのような部署の責任者が会議に参加したことは、それだけこの会議の重要性を物語っている。治安局情報課の実務責任者である彼は「日蓮宗創価学会の分析および対策」という文書を作成して文教部に送った当事者であり、審議会で委員からの質問に答えられる人物である。ところが姜警監は内部文書に名前が出てくるだけで、対外的にマスコミ発表する時は名前が伏せられている影のような存在であった。

もう一人の注目すべき人物は、この日の会議に呼ばれてはいなかったが参加した女性である。自らを創価学会会員の代表だと述べた李丁順である。彼女はソウルの鍾路で「希望結婚相談所」を運営し、座談会を開いていた。創価学会の問題を扱う宗教審議委員会が開かれるとの新聞報道を見た李丁順は、釈明書を作成して文教部を直接訪ねて来たので、文教部の担当課長が彼女を会議に参加させたものと見られる。一月一七日午後三時から開かれた宗教審議委員会で、担当課長が「ちょうど今、創価学会の代表と名乗る人が来ています」と紹介している。だが会議録のどこにも彼女の発言は見当たらない。文教部の職員は彼女に、釈明書の内容を審議会の委員らに説明する機会を与えようとしたのかどうか、会議録からは分からない。だが李丁順の発言が会議録にないことから見て、誰も彼女に質問しなかったことが推察できる。

宗教審議委員会は創価学会側の意見を聞こうとする討論会ではなかった。会議では文教部次官が順番に委員の名前を呼び、委員たちは自分の意見を一、二回述べただけで、踏み込んだ意見交換もないままに終了した。宗教審議委員会が開催された翌日の一八日には、主要日刊紙に文教部長官の談話文が掲載された。

〈図 4-1〉 創価学会布教禁止の記事

西紀1964年1月18日 (土曜日)

創價學會 布教禁止키로

宗教審議會서結論

"反國家·反民族的 종교

政治·사상적侵略性띠었다"

韓國擔當은「松島」氏

·妨害하면叛逆"云云코 布教

搜査指揮

出典：朝鮮日報　1964年1月18日　7 面

8　国家政策になった創価学会布教禁止

文教部は一月一八日、創価学会を「反国家・反民族的な倭色宗教」と規定して布教を禁止した。談話文では、文教部が宗教審議委員会を構成し、創価学会の由来と教旨、韓国内での布教実態を検討したと述べている。談話文は、治安局情報課からの文書を基に、文教部担当職員があらかじめ作成しておいたものである。創価学会の特徴として提示した「皇国的色彩が濃厚で、国粋主義的で排他的な集団」という表現は、宗教審議委員会の会議では出てこなかった言葉である。

宗教審議委員会は、創価学会の活動を禁止するための根拠を提供する役割をした。マスコミが注目したのは、創価学会が邪教かどうかという点と、宗教団体か政治団体かという点についての判定だった。だが文教部が出した談話文は「宗教団体か似非宗教団体か、また政治団体かどうかを区別する必要さえなく」と述べ、どちらの判定も避けた。そして何の理由も説明せず、「我が国の民族の立場としては反国家的、反民族的な団体と規定するしかない」と主張し、「全国民が協力して、この蔓延を防止する必要が切実であるという結論に達した」と締めくくった。

結局、文教部長官の談話文は、創価学会が邪教であるから禁止するというものではなく、宗教の仮面をかぶった政治団体であるから阻止するというものでもなかった。その代わりに創価学会が「民族の精神を曇らせることで間接的な精神的侵略が憂慮されるので阻止する」ということだった。そしてこの解決策としては「全国民が協力して蔓延を防止してほしい」と民族感情に訴えるだけだった。つまり国民の反日感情を煽る政策でしかなかった。

なぜこうなったのだろうか。当初、治安局情報課で構想していた方向は、宗教審議委員会で創価学会が邪教だと規定されるか、あるいは政治団体だとの結論が出れば各種法規を適用して取り締まり、そうでなければ、各種政府系の団体や学生を通じて官製デモをやらせようということだった。だが文教部は、治安局情報課が要求した方向へと創価学会を追い込んではいたが、参加した委員たちの意見はまちまちで、邪教あるいは政治団体であるとすることが難しくなると、自分たちがあらかじめ決めておいた方向へ結論を導いてしまったのである。

その後、宗教審議委員会のこの決定は、各種公文書を発送する際に、布教禁止令を下した根拠として利用された。布教禁止の根拠が必要な時は常に「各界の権威者が集まった宗教審議委員会」が決めたことであると前面に掲げた。この日に参加した委員たちは、政府の創価学会布教禁止措置を支持し、後押しする役割を果たした人々として歴史に名を残すことになった。

談話文発表の次に文教部は、創価学会布教禁止措置を一月二一日に国務会議に上程した。この会議に朴正熙大統領は出席しなかった。国務総理が主宰し、長官たちが集まった国務会議に「創価学会措置状況報告（案件五五号）」が上げられ、創価学会の活動を禁止する措置は、文教部を経て国務会議にかけられて国家政策として確定した。ところが国務会議に上程されたこの案件書類の関係法令条文欄には「該当条文なし」とされていた。創価学会の布教を禁止する根拠となる法律上の条文はなかったからである。国務会議の議事録には「今後、創価学会に関してはこれを取り締まり、防止する方向で施策を講じる」と記されている。会議中に質問や討論があったという内容はない。一九六四年一月二五日、国務総理主宰の国務会議で創価学会布教禁止措置が承認された〔原注9〕。

文教部は宗教審議委員会を経て長官名義で談話文を発表し、続いて国務会議まで通過させて創価学会の韓国内布教を禁止させた。次に政府は政府機関の協力を得るために、内務部、逓信部、財務部などの各部署と国防部に公文書を送って協力を要請した。公務員と将兵の中に創価学会の信者がいれば取り締まるようにという内容もあった〔原注10〕。新聞に創価学会関連のニュースが報道され始めてからわずか二週間で、創価学会の布教禁止措置が国家政策として確定した。

内務部長官は一月三一日付で、創価学会の布教のための集会及び通信連絡と刊行物の搬入、配布、取得、閲覧を禁止する行政処分を下した。警察はこの措置に従って創価学会を取り締まるようになった。その他の部署も協力することになるが、取り締まりの法的根拠がないため、関係部署ごとに各種法規を適用して取り締まることにした。各種法規とは、内務部では軽犯罪処罰法、刑法、国民医療法を、財務部では為替管理法を、保健社会部では国民医療法を、逓信部では臨時郵便物取締法を、文化公報部では外国（日本）定期刊行物の輸入に関する法律を指す。政府はこれを最大限利用して、創価学会のすべてを取り締まることにした。〔原注11〕これは、創価学会を取り締まるために、国家機構の中で動員可能な機関が総動員で協力したことを示している。〔原注12〕

一月一〇日から二週間にわたって行われた創価学会に対する新聞報道と、曹渓宗を中心とした仏教界代表らと再建国民運動などの政府系団体の決起集会、常緑会などの大学生連合団体の反対声明などで、創価学会は危険だという世論がつくり上げられた。これを基に文教部が宗教審議委員会を招集した。宗教界、学術界、言論界と関係部署の関係者らが参加した宗教審議委員会で、創価学会の布教を禁止するべきであると結論を下し、文教部長官が創価学会の布教を禁止するという談話文を発表し、国務会議に案件を上程して通過させた。

文教部は内務部、財務部、逓信部などの関係機関に公文書を送り、創価学会の布教活動を禁止するための措置への協力を要請した。そして傘下の全国教育委員会と小中高等学校、大学と政府各省庁に公文書を送り、生徒や公務員らが創価学会に近づかないよう注意を促す一方、すでに創価学会会員になった人を懐柔しようとした。このような過程を経て、創価学会は「悪くて危険な日本（倭）宗教」というイメージが固まった。

第五章　「悪い宗教」となった創価学会

1　拒否された創価学会韓国訪問団へのビザ発給

一九六三年一二月初め、日本の創価学会本部では、韓国訪問団を派遣するために駐日韓国代表部に入国許可を申請した。韓国の創価学会会員が彼らを招待する形式を取り、訪問目的は韓国の会員組織の結成を助けることだった。ソウル、大邱、釜山などの主要地域で会合を開く予定とのニュースが韓国の会員たちに知らされた。これは創価学会本部が韓国を訪問するために出した最初の入国申請である。この年の七月に在日韓国人会員二名が個人の資格で入国し、韓国内の会員に会って実情を確認していた〔原注1〕。在日韓国人の学会員が韓国を訪問した時もマスコミに大きく報道されて注目を浴びたが、創価学会本部から訪問団が来ることになれば一段とマスコミの注目を受けるはずだった。創価学会本部からの韓国訪問については、外務部を通じて韓国国内の各機関に伝えられ、韓国政府は彼らの韓国訪問を許可するかどうかをめぐって苦慮した。結局、政府は入国ビザの発給を拒否する方針を決めた。そして外務省を通じて駐日韓国代表部に、ビザを許可しないと知らせた。ところがこの事実がマスコミに公開されたのは、すでに創価学会を批判して攻撃する新聞記事が数日間掲載された後であった〔原注2〕。

2 マスコミを通した「悪い宗教」作り

新聞資料だけでは、誰がどのような形で政府の創価学会反対キャンペーンを推進したのかは分かりにくい。だが新聞資料と、行政機関が残した公文書を照らし合わせれば、創価学会反対キャンペーンの進行過程を把握することができる。

まず新聞記事を見てみよう。当時大きな影響力を持っていた全国規模の日刊紙、特に朝鮮日報、東亜日報、京郷新聞、韓国日報が創価学会批判に力を合わせたことが分かる。これらの新聞には、一九六四年一月一〇日から二一日までの一二日間、創価学会に関する約五〇本もの記事と社説、コラムが、同じような用語とトーンで掲載された。〈表5-1〉でこれを確認できる。

〈表5-1〉創価学会関連記事及び社説（一九六四年一月一〇日―一九六四年一月二一日）

	朝鮮日報	東亜日報	京郷新聞	韓国日報
一月一〇日（金）			三面トップ記事	

一月一一日（土）	六面記事	二面社説	一面コラム 六面トップ記事 七面〈大邱〉続報	三面記事
一二日（日）	休刊	休刊	休刊	七面記事
一三日（月）		七面記事	二面社説 七面記事（二本）	休刊
一四日（火）	二面社説 六面記事 七面記事（二本）	一面コラム 七面特集	七面記事	三面記事
一五日（水）		二面社説 五面コラム 七面記事（二本）	二面社説 七面記事	三面特集 四面記事
一六日（木）	七面記事	七面記事	三面コラム 七面〈済州〉	
一七日（金）	五面特集 七面記事	三面記事 七面特集	七面記事	
一八日（土）	七面トップ記事	七面記事	三面記事 七面記事 八面コラム	三面記事

一月二〇日（月）		一面コラム	三面コラム 三面読者欄	
二一日（火）		五面記事	七面記事	三面記事
合計	九本	一四本	一九本	七本

だが一八日、文教部長官が創価学会布教禁止談話文を発表し、二一日に国務会議を通過してからは、示し合わせたかのように、創価学会に関する記事が新聞紙上から消えた。ある事件が起きた時に複数の日刊紙が同時に報道し、その報道が数日続くことはある。だが創価学会の場合は違った。創価学会を批判する新聞報道は満ち潮のようにあふれたが、政府が禁止措置を下した後は潮が引くように消えた。これは一般のニュース報道では見られないことである。おそらく治安局情報課が報道資料を作成した上で新聞各社に提供し、報道協力を要請あるいは指示したために可能になったのだろう。こう判断する理由は、宗教審議委員会が開催されることになった過程をはじめ、この問題に関連する各種対応方法や日程も、治安局情報課が計画して主導していたためである。

治安局情報課が新聞各社に報道協力を要請したことを証明する資料が残っていればよいが、

この種の内密の要請を示す文書が残っている可能性は低い。それでも、もしかすると内務部治安局が残した文書ファイルに関連文書が残っているのではないかと、国家記録院の治安局関連記録をかなり長い時間をかけて調べてみた。その過程で分かった事実だが、国家記録院が保有している大韓民国の警察に関する記録は全体的にかなり不十分で、日本からの独立以後の警察活動を把握するには極めて不足している状態だった。その多くの警察の記録はどこに消えたのか、すべて消失したのだろうかという疑問が沸いた。そこで関連の専門家に意見を求めると、警察関係の資料の中で重要なものは国家記録院には渡さず、警察が自主保管しているとのことだった。例えば、何度も非公式資料として世間に出回っていた済州四・三事件関連の記録は、全て警察の文書保管室から流れ出たという話を聞いた。まさに二〇〇〇年に済州四・三特別法が制定され、済州四・三委員会が事件の真相調査報告書を作成するために正式に警察に関連文書提出を要求した時、ほとんどの資料は提出されなかった。その間に破棄されたり、資料があったとしても対外的にはないと発表する。警察に不利な情報を含んでいる資料であれば、なおさらその可能性は高い。従って治安局情報課で作成した資料であれば、他の捜査資料よりもいっそう慎重に秘密情報として扱った可能性が高い。

だが警察の資料は意外な文書ファイルの中から見つかった。それは他でもない文教部の宗教担当部署が保管していた文書ファイルに添付文書の形で挿入されていた。治安局情報課から文教部へ創価学会に対する対策を要求し、その後創価学会の布教禁止措置を実行する際、治安局情報課と文教部担当者の間では、かなり多くの文書がやり取りされたことが確認できた。

中でも一九六四年一月一四日に治安局情報課が作成した「日蓮宗創価学会の分析および対策」という報告書が注目に価する。この報告書は治安局長が文教部へ送った文書であり、この資料には創価学会の教理、伝道方法、韓国伝来の経緯、日本語の題目および学会歌を歌う理由と東方遥拝の理由、各界の動向、展望まで詳細に整理されていた〔原注3〕。

この文書は治安局情報課から文教部へ送られたものだが、治安局が創価学会に関連する情報を盛り込んだ資料をマスコミ各社に提供したとすれば、その内容が大同小異となることは容易に推測できる。最初にマスコミは、治安局情報課が提供した資料をもとに報道したが、後には各新聞社ごとに記者が直接取材して報道した。情報課は新聞社に対する資料提供を継続した。

3　創価学会組織図とスパイ組織図

新聞報道の重要な特徴の一つは、創価学会の韓国での布教過程をあたかも秘密組織のように説明したことである。記事の内容を見ると、日本の右翼宗教組織が韓国に浸透して組織網を形成したように見える。日本人責任者の指揮の下、韓国人組織が階層的に構成され、一糸乱れず動く組織のように描かれていた。記事でよく使われる単語は創価学会、浸透、密入国、正体不明、同胞、朝連系（朝鮮総連系列）、資金ルート、組織体系、連絡網、責任者などである。これらの用語を、警察と検察が捜査に着手したという言葉で裏付けた。新聞が出典として引用したのは、主要国家機関である文教部、警察、検察であった。文教部長官が乗り出して禁止令を発表し、これを裏付けるために警察が捜査を展開して組織構成と資金ルートを把握する。さらにこの内容を基に検察が拘束の可否を決定する。検察はこのために各種法律違反の有無を検討しているとの新聞報道を読むと、創価学会の信者はみな犯罪者扱いを受けており、創価学会の会員になると国家の反逆者になるとの印象を受ける。

治安局情報課は最前線の警察組織を総動員した。警察は全国各地の創価学会員の集会を査察する一方、創価学会の責任者の家を捜索して関連書類を押収し、関係者を警察署に連行した。その中で大邱慶北地域の場合を見てみよう。警察は創価学会大邱慶北地域の責任者である崔圭垣を連行する際に会員名簿も押収した。そして警察署に拘留し「創価学会の組織関係と資金ルートなどを取り調べ中」と明らかにした。記者は「聞き込みによると、創価学会の布教対象は

〈図 5-1〉韓国日報に掲載された創価学会批判記事

韓國總責任은「松島」씨

創價學會조직體系등파악

主要都市엔 日人傳道責任者한 名씩

出典：韓国日報 1964年1月18日　3面

教員労組と公務員、職工、そして庶民層だ。布教資金は創価学会の日本人幹部から持ち込まれたが、その額は分からない。一方、崔氏の立件の可否について警察は明らかにしていない〔原注4〕」とした。

一月一八日付の韓国日報を見ると、タイトルを「韓国総責任者は『松島』氏」、「創価学会組織体系などを把握」、「主要都市には日本人の布教責任者を一人ずつ」と掲げ、組織図を添付している。この記事を読めば創価学会がスパイ組織だとの印象を受けるのは当然だ。だが創価学会員が何の過ちを犯し、誰が検挙されたのかも書かれていない。
創価学会を危険集団だとするために、警察だけでなく検察など他の組織も一緒に動いた。検察は創価学会が「反共法」および「国家保安法」違反の疑いがあるという趣旨で発言し、これがマスコミに大きく報道された。

一八日午前、検察は全国的に広がっている創価学会に対し、「反共法」「国家保安法」違反の疑いで捜査に乗り出した。ソウル地検は、「創価学会」の組織、資金ルート、幹部の身元を綿密に検討し、同日午前、おおまかな調査を終え、立件の可否と、引き続き捜査を行うかどうかを決定するため、最高検察庁に報告した。検察は創価学会に対して、集会およびデモに関する法律違反と政治団体登録法違反容疑も合わせて検討中であるが、「創価学会」は現在まで登録されていない。最高検察庁は創価学会の思想的な面を慎重に検討し、国家保安法および反共法違反の事実があるか、社会秩序の平穏を乱しているかを鋭意調査中だと明らかにした。…

警察は創価学会の信徒たちに対する正式な立件措置はないという立場を明らかにした。信徒に対する立件などの法的制裁を行うことで、むしろこの学会が地下に入って潜在的な不法団体に変わることを憂慮するためにこのような措置が、取られる。だが創価学会が引き続き組織を拡充し、秘密集会を続ける場合、幹部を立件するなど、強力な第二次の措置を取る方針が決まった。警察は引き続き全国の創価学会組織を内偵中であり、日本の朝鮮総連との接触に対する捜査もかなり進展していると思われる〔原注5〕。

この記事は、検察もやはり警察と同じように、創価学会がどんな法律に違反したのかについて正確な罪名をつけるのではなく、「反共法」および「国家保安法」違反疑惑、「集会およびデモに関する法律」違反と「政治団体登録法」違反疑惑を調査するとしていた。この記事だけを見ると、創価学会の韓国布教は朴正熙政権下でよく見られた北朝鮮スパイ団事件を連想させる。まるで北朝鮮のスパイ組織が韓国に侵入したかのように、侵入経路や接触対象、資金ルートはこうなっていると報じる。だが警察は、創価学会の会員たちを正式に立件することはないとしている。

東亜日報には「一八日、治安局は、文教部が布教禁止を決めた創価学会に対し、幹部や信徒のこれまでの活動に対する刑事責任は問わず、今後布教する場合にのみ違法とする方針だと明らかにした」との記事が出ている。警察はマスコミに、創価学会の会員を捕えるかのように思わせておきながら、布教禁止措置が出された後は、配慮を示すような態度を取る。これは、警察が法を執行する機関ではなく、政治的な影響力で動員されたからである。

新聞報道だけを見れば、創価学会の信者はあたかも犯罪者か、国家への反逆者の烙印を押されたように見えるが、引き続き行われた警察の集会への取り締まりによって、法律違反で実刑を受けた会員はいなかった。だがこれらの新聞報道を目にした人々は当然、創価学会や会員に対して良くない印象を抱いた。創価学会は国家が禁止する宗教になったのである。

4　日本侵略精神粉砕闘争会

「日本侵略精神粉砕闘争会」は大邱で組織された団体であるが、この団体と関連した二件の文書で、創価学会の拡散を防ごうとした一般国民の姿を見ることができる。

創価学会に対する布教禁止措置が出された後、一カ月ほど経った三月初めに、日本侵略精神粉砕闘争会は大統領と国会議員宛に建議文を送った。創価学会を強力に阻止しなければならないという内容であった。文書は国会議員に送る「建議文」に「糾弾文」、「決議文」、「創価学会の正体」等が添付されていた。〔原注6〕

日本侵略精神粉砕闘争会の所在地は「大邱市東城路二街一六」との住所が書かれており、大邱市内に事務所があったようだ。添付文書の中で糾弾文は一月三〇日付、決議文は二月一五日付となっており、この団体は少なくとも一月三〇日以前に活動を始め、二月一五日に会員集会を開催した可能性がある。従って、大邱を中心に創価学会に反対する社会団体を結成して活動を始め、国会議員と大統領室に決議文を送り、自分たちの活動内容を全国的に知らせようとしたものと見られる。

同団体が国会議員に送った建議文には、それまで同団体が作成した文書が添付されていた。その中で、二月一五日付の「決議文」の最後の部分に「以上の事項を本大会で厳粛に決議し、関係団体は署名捺印する。西暦一九六四年二月一五日、日本侵略精神粉砕闘争会」となっているのを見ると、大邱市内の様々な社会団体が集まる連合団体にしようと企画したものと見られる。だが具体的にどの団体が加入したのかは記載されていない。

建議文にはいくつかの文書が添付されていたが、マスコミに報道された内容をもとに創価学会を批判し、政府の創価学会布教禁止措置を熱烈に歓迎して支持するという内容で満たされている。

彼らは大邱に植民地時代の神社が依然として残っていることを指摘するとともに、創価学会の組織が大邱にもあることも恥と考えており、創価学会の布教に対しては闘争しなければならないと強調した。

この「日本侵略精神粉砕闘争会」の文書が郵送された後、この団体が集会を開いたとか、他の活動を行ったことを示すマスコミ報道は全くない。大統領と国会議員にまで建議し、創価学会禁止に積極的だった同団体の活動はマスコミの関心を引くことに失敗し、その後の活動についても残っている資料は見当たらない。

5 「韓国的創価学会」を作ろうという動き

この時期、内務部から文教部へ送られた文書の中には「韓国的創価学会」創立の動きについての動向を報告したものもある。主な内容は「韓国的創価学会」創立の動きを主導する二つのグループに関するものである。「韓国的創価学会」とは、朴正熙大統領の「韓国的民主主義」という単語を連想させる。民主主義国家を作るとするなら韓国の状況に合った民主主義にしようという朴正熙の宣言は、当時の人々に新鮮なイメージを与えるものであった。それと同じように「韓国的創価学会」は日本の宗教を韓国の状況に合わせて作り直すように見える。二つのグループは、日本の創価学会を韓国に合わせて改め、「韓国的創価学会」を創立することで意見が一致し、具体的な協議を始めたということだった。

一つ目のグループは、大邱地域の大学である青丘《チョング》大学教授の宋明根《ソン・ミョングン》が中心となって、社会大衆党の党員であるパク・キホと慶北大学哲学科の学生の一部が参加したグループである。宋明根は日本侵略精神粉砕闘争会役員と紹介されている。前述の日本侵略精神粉砕闘争会は創価学会を粉砕すべきだと主張している。その団体の役員が中心となって「韓国的創価学会」を作ろうと主張している。

二つ目のグループは、元警察官のキム・ジュンファンと、創価学会大邱地区第六地区責任者のイム・チャングンなどの人物が中心である。キム・ジュンファンは創価学会の会員と紹介されているが、彼も宋明根のグループの主張と同じように「韓国的創価学会」を作ろうということに同意した。

だがこの二つのグループの間に問題が生じた。内務部が文教部へ送った創価学会の動向によると、最も問題となったのは、信仰の根幹である宗祖を日蓮から七世紀の新羅の僧侶である元暁《ウォンヒョ》大師に変えようと宋明根が提案したが、創価学会の会員はこの意見に反対し、互いの意見が合わず、議論が進んでいないということだった〔原注7〕。

6　組織の崩壊と会員の亀裂

四月になると大邱地域の会員の一部が創価学会を脱退し、大邱地域の日刊紙である大邱日報と毎日新聞の広告欄に声明書を発表した。内務部は脱退した会員たちの声明書を添付して「創価学会の動向」〔原注8〕というタイトルで文教部長官に報告した。

創価学会の組織内部でも崩壊の動きがみられた。一九六四年四月二三日、内務部が文教部長官へ送った「創価学会の動向」〔原注9〕という文書では、創価学会大邱地域の代表である崔圭垣と彼の事業に関する話が出てくる。大邱地域の創価学会員の中には、会員になる前から崔圭垣と絞り染めの事業を共にしていた人たちがいた。絞り染めとは天然の染色法の一種で、生地をところどころ糸で縛ったり巻いたりして染める方法である。生地に巻いた糸をほどくと結んだ模様がきれいに現れ、当時の韓国社会で大流行した染色法であった。崔圭垣は、自分が経営する手芸店で大邱地域の色々な手芸店から仕事を受け、絞り染めの仕事をする人々に依頼した。染色した生地を手芸店に納品して代金を受け取り、絞り染めの仕事をしている人々に送った。

彼はこの仕事を通して知り合いになった人々と親交を結び、互いに仲が良くなると創価学会の信仰を勧めた。彼の勧誘によって会員となったところで、創価学会の布教を禁止する政府の措置が発表された。警察が会員のところにしきりに訪ねてきて、時には脱退するよう迫る状況が起こった。すると創価学会の会員になった事業の仲間たちは、創価学会をやめるから未収金を払ってほしいと要求した。大邱市内の絞り染めの班長であるクォン・テギョン他五名が崔圭垣との事業からの離脱を宣言し、彼に未収金の返還を要求する事態になった。南大邱警察署長宛に崔圭垣の詐欺にあったと訴えるとともに、創価学会の本尊および念珠、勤行要典を提出し、自分たちは創価学会と決別したと強調した。

警察は、創価学会に関する情報を毎日のように文教部に報告した。会員の集会場所の一つだったソウルの嘉皇寺に対する査察報告書、大邱地域の責任者である崔圭垣の動向、釜山の責任者として知られた徐栄来《ソ・ヨンレ》に関する調査情報などだった。〔原注10〕情報の中には、創価学会の活動を査察するだけでなく、直接介入して創価学会の崩壊工作を行ったケースもあった。

政治工作とは、政権の権力基盤である検察、警察、情報部などからの情報と査定機関の権力を基に、政権に必要な形で事件を捏造する行為である。この時もまさにそのような形で政治工作が進み、韓国の創価学会は危機に直面した。

第六章　布教禁止から裁判へ

1　創価学会の釈明書

前章では韓国政府が創価学会の布教を禁止する措置を下し、韓国内の創価学会を崩壊させようとしたことを確認した。では韓国の創価学会の会員たちは、このような突然の事態をどう受け止めたのか。この章では、創価学会が政府の布教禁止措置をどのように受け止めて対応したのか、それに伴う人々の反応はどうだったのかを見ていこう。

各日刊紙の創価学会報道と文教部の宗教審議委員会のニュースを聞いて最も素早く動いたのは、ソウルで「希望結婚相談所」を運営していた創価学会員の李丁順であった。彼女は日本に住む妹の李順子と共同名義で「創価学会についての釈明書」を作成し、一月一七日、宗教審議委員会が開かれる文教部を訪問した。この時、彼女たちは釈明書の他に、創価学会に関する冊子（英語版と日本語版それぞれ一冊）、聖教グラフ二冊、聖教新聞などを参考資料として提出した。李丁順は、新聞報道の内容は歪曲されていると主張した。釈明書の内容の要旨は次のようなものであった。

第一に、文教部が創価学会を邪教扱いするのは不当である。創価学会が天皇に対して東方遥拝を行うというのは事実無根である。むしろ日蓮正宗創価学会は日本の軍国主義と戦ってきた。

第二に、「神棚」を祀るとか「日本の歌」を歌うというのは捏造だ。神棚とは神道のもので、創価学会で使うのは仏壇である。外国でも創価学会のものを仏壇と呼んでいる。また日本の歌を歌ったこともないのに、韓国の創価学会の会員が日本の歌を歌っているという新聞の記事は捏造されたものである。

第三に、日本の創価学会の資金投入や、政治団体だというのも根拠のない話である。創価学会は、献金や会費を出せとか、お守りを買えなどという営業行為をしない純粋な信徒団体である。そして、日本ではいかなる宗教団体の会員であれ選挙に立候補できるので、創価学会の会員が選挙に当選したことをもって政治団体だとするのは常識に反している。

第四に、我々が信仰を通して功徳が感じられたら、これを他の人に伝え、仏法の偉大さを説いているだけである。これを折伏というが、これ以外のいかなる方法も取っていない。また、韓国内での宗教団体組織としての登録は準備中である。

この日、李丁順は宗教審議委員会が開かれた文教部会議室に参考人として座っていた。だが会議に参加した委員たちは誰も彼女に質問しなかった。委員たちは自分の意見を一、二回ずつ述べたが、創価学会の代表として参加した李丁順が発言する機会は全く与えられなかった。会議は創価学会の意見を無視したまま終わり、李丁順が作成した釈明書だけが書類として残された。〔原注1〕

確認できる創価学会のもう一つの対応は、大邱地域の責任者である崔圭垣の釈明書である。この釈明書は崔圭垣が一人で作成したものではなく、多くの会員が話し合った結果を基に作成したものである。一月二二日、崔圭垣は内務部長官へ郵便で釈明書を提出した。この釈明書を受け付けた内務部は一月三一日、内務部長官の名前で大邱地域代表の崔圭垣に回答文を送った。内務部の回答は「創価学会は皇国的色彩が濃厚で反国家的、反民族的な団体と判定、これに対する布教行為を禁止することは国務会議で議決されたので政府施策に協力してほしい」というものであった。文教部長官の談話文にある文章をそのまま書き写し、政府施策に協力せよとの内容であった。この公文書を受け取った大邱地域の創価学会の会員は再び対策について話し合った。そして崔圭垣代表が二月八日付で再び釈明書を作成し、郵便で内務部長官に発送することにした。ここで崔圭垣は自分を臨時代表と紹介し、創価学会の会員は韓国の法を破ったことはないこと、新聞報道に出てくる創価学会に対する表現は誤ったものであり、全て誤解から始まったものだと主張した。〔原注2〕

創価学会のソウル地域会員である李丁順と、大邱地域の会員を代表した崔圭垣の釈明書は、全てのマスコミ報道が自分たちの宗教活動を歪曲し誇張しているもので、実情とは違うと主張したものだった。だがこれに対する政府の反応は冷ややかであった。政府当局者たちは創価学会の会員たちが釈明する内容には耳を傾けず、政府施策に協力せよとの言葉だけを繰り返した。これはおそらく、当時としては当然のことだったのかもしれない。なぜならば、政府が創価学会を代表的な倭色宗教と規定して布教禁止命令を下したのは、実際に創価学会が何か悪いことをしたために根絶しようとしたのではなかったからだ。政府は創価学会を邪教と規定して宣伝することで、国民の反日感情が創価学会へ向かうことを望んでいた。それはマスコミの助けを借りて成功裏に進んでいた。内務部が創価学会を倭色宗教と規定して布教禁止命令を下すと、国民の反日感情は創価学会を批判する言論の助けを受けてさらに広がっていった。

2　行政審判請求

一九六四年一月三一日、内務部は創価学会へ回答文を送った。国務会議で創価学会の布教行為の禁止を議決したので、この施策に従って創価学会はこれ以上の布教をしないようにと記されていた。すると創価学会は崔圭垣が臨時代表となり、一九六四年三月三日に行政審判の訴願を出した。内務部の布教禁止措置は信教の自由を侵害するものであり、この取り消しを求めるものだ〔原注3〕。

現在でもそうであるが、請願人が行政審判を申請すると、該当官庁では行政審判委員会を開催して訴願の内容を検討し、審判結果を訴願状を提出した人に知らせなければならない。訴願に対する行政審判を行った内務部の返信は迅速だった。内務部は、一週間後の一九六四年三月一〇日に崔圭垣へ二回目の回答文を送った〔原注4〕。

この回答文で内務部は、大韓民国政府が創価学会を反国家的、反民族的団体と規定したもの、内務部として布教活動禁止を命令する行政処分を下したわけではないため、創価学会代表の要請を受け入れることはできないと述べていた。

前述の通り、文教部長官は談話文を発表したあと、財務部、逓信部など政府の各部署にその内容を伝えて創価学会の外国為替取引を監視し、日本から入ってくるすべての書籍、新聞などの刊行物の搬入を禁止した。そして創価学会の集会がある度に、警察と文教部および教育委員会の職員が監視し、観察記録を上層部へ報告した。さらには警察の工作によって大邱地域の会員の一部が離脱し、「韓国的創価学会」を創立しようとする分裂が起こった。それでも内務部が送った答弁には、創価学会の活動を禁止する行政処分を下したことはないとしていた。こうして崔圭垣が提出した訴願状は却下された。以下は創価学会の行政審判の訴願について内務部が崔圭垣に送った回答文である。

内務部

内企画一二二五 - 二七四三

一九六四・三・九

受信：大邱市中区東城路三街六八　崔圭垣

題目：訴願状却下

記

貴方が一九六四年三月三日付で本官に提起した訴願について、以下の通りの理由でこれを却下する。

(理由)

訴願人の崔圭垣は、一九六四年一月二二日付で本官に提出した釈明書に対する本官の返信文を違法な行政処分として取り消しを請求してきたが、

前記の釈明書は、これまで一部の新聞が創価学会を誹謗する内容の記事を記載したことについて釈明しただけで、本官が行った特定の行政処分に対するものや、本官に特定の行政処分を求めたものではなく、本官の返信文には、単に前記の釈明書に対して既に政府の方針として創価学会が反国家的、反民族的団体と規定していたことを記述しただけで、訴願人に特定の作為や不作為を命じるものではなかったため行政処分ではない。

確認したところ、訴願とは訴願法第一条の規定により、違法または不当な行政処分に対してのみ提起できるものであるため、訴願事項ではない本訴願に対してはこれを却下する。

内務部長官　厳敏永《オム・ミンヨン》

3　書類の裏に隠れた人物

国家記録院が所蔵している書類ファイルには、当時の内務部行政審判委員会の招集関連書類が残っている。これは内務部で作成した文書だが、文教部宗教担当者の書類ファイルに残って

いた。内務部が創価学会に関する審判結果を知らせるため、文教部へ送ったものだ。〔原注5〕

公式的には、三月六日午前九時に、内務部会議室で崔圭垣から送られてきた訴願を扱う行政審判委員会の会議が開かれる予定だった。だがこれは形式的な要件を整えるものに過ぎなかった。会議は書面会議に代えられ、本案件に対する賛否を表明するだけのものとなった。本来であれば内務部の関係者が集まって訴願状を検討し、討論して結論を出し、会議録を残した後、請願人に回答するのが正式な手続きである。しかしそうではなかった。関係者が集まる必要なしで書類に賛否を表示して送ると、担当官がこれをもとに内務部長官名義の回答文を作って請願人に送ることで一件落着というものだった。

では当時の担当官は誰だったのだろうか。担当官は二人だった。一人は幹事を務めたチャン・ヒョンべ法務官で法的判断を担当した。もう一人は具滋春《ク・ジャチュン》治安局情報課長だった。

具滋春は創価学会の布教禁止政策を構想して企画した情報課の責任者だ。布教禁止政策を構想して企画した人物が、創価学会が提起した訴願を扱う行政審判委員会の実務責任者だったのだ。だから創価学会が提起した問題を宗教審議委員会の委員らと十分に議論したり、創価学会を救済する措置を取る可能性は全くなかった。彼はわざわざ集まって会議を行う必要を認めずに書面を回覧するよう指示、情報課で答弁書を作成して内務部長官の名前で返信するようにした。

具滋春とはどんな人物だったのだろうか。彼は一九六一年五月一六日に朴正熙が起こした軍事クーデター当時、陸軍中佐として砲兵大隊を率いて真っ先にソウル中心部に進撃、陸軍本部の占領に貢献して革命主体勢力と認められた人物だ。〔原注6〕朴正熙少将を中心とするクーデター勢力は「軍事革命委員会」を設置し、「国家再建最高会議」に名前を変え、軍政統治に着手した。

軍事政府はまず、現役将校を全国の各市・道知事と主要市長に任命したのに続き、治安局幹部、全国の各市・道警察局長、情報課長も現役将校を任命した。〔原注7〕軍人たちが行政と治安の核心部署を掌握したのだ。核心人物の一人である具滋春は忠清南道警察局長に任命され、一九六二年には全羅南道警察局長に異動し、一九六三年一月に治安局情報課長として赴任した。〔原注8〕彼は創価学会に関する事態を最初から最後まで指揮し、一九六四年七月にソウル市警の局長に昇進する。具滋春はその後、第三共和国時代（一九六三―一九七二年）に、警察専門学校校長、済州道知事、水産庁長、慶尚北道知事、ソウル市長等を歴任した。創価学会に対して反国家団体とのレッテルを張った彼の裏工作は、彼自身の立身出世に大いに役立った。

4　伝言通信文

創価学会の行政審判が却下されると、会員たちは行政審判の次の段階として高等裁判所に行政訴訟を提起した。創価学会は李容晩《イ・ヨンマン》弁護士を選任し、一カ月後の一九六四年四月一〇日に高等裁判所に訴状を提出した。内務部が出した創価学会布教禁止の行政処分取り消しを求める訴訟だった。

李容晩弁護士は、それまでに崔圭垣の名前で内務部に提出した二回の釈明書と訴願状の内容を基に法律的な解釈を付け加えて整理した。彼は訴状で、内務部が回答文で「創価学会を反国家的、反民族的団体と規定しただけで、行政処分を下したことはないという曖昧な言葉で回答したのは一種の回避論に過ぎない」と反論した。そして「布教のための集会、通信、連絡、刊行物の搬入、配布、取得、閲覧などの具体的な行為が国是に反する行為であるから行ってはならないという趣旨であることが明白であり、警察が実際に創価学会の信者の信仰対象である本尊を押収したり、創価学会の会員となった公務員には辞職を強要するなどの行政処分を執行した事例は多い」と明らかにした。

また、行政処分の根拠として挙げている、創価学会を反国家的、反民族的団体とみなす理由も不当であると、次のいくつかの理由を挙げて反論した。つまり、日本の創価学会は純粋な宗教団体であって政治団体ではないという点、創価学会が日本から入ってきた宗教だという理由で反国家的かつ反民族的だとするならば、現在の国内の既成宗教もほとんどが外来宗教である点を挙げ、政府が政治的尺度で宗教への価値判断を行うことは政教分離の憲法原則にも反する措置だと主張した。さらに、政府が創価学会に対して下した布教禁止という行政処分は、憲法に保障された信仰の自由、宗教行為の自由、宗教結社の自由、通信の自由を無視して抑圧するものだと主張した〔原注9〕。

内務部長官を被告とする正式な裁判が請求されると、内務部はソウル高裁から寄せられた「弁論期日召喚状と答弁書催告状」のコピーを文教部に送り、五月五日と指定されていた弁論期日を延期した後、文教部の宗教業務担当官と協議して対処策をまとめ始めた〔原注10〕。

対処策の協議の過程で文教部が残した書類の中には、一般人には公開されない内部文書もあった。その一つが「創価学会の行政訴訟についての展望」というタイトルの伝言通信文だ。

伝言通信文とは、上層部まで決裁を受ける正式文書ではなく、担当者間で電話で内容を伝える方式の書類だ。ソウル市警情報課文化係は、宗教査察を担当する部署として創価学会の行政訴訟を担当することになると、文教部社会教育課と対策の協議を行った。情報課文化係の担当警察官が、創価学会側の訴訟代理人である李容晩弁護士と会って交わした話を文教部担当官に伝えたのが伝言通信文だ。担当警察官は李容晩弁護士に会い、政府に不利な結果をもたらすような弁論行為は自身で判断したうえでしない方がよいと伝えた。さらに韓国の国家観、民族観を考慮し、慎重に弁護する事を要求した。

治安局情報課所属の警察官が、訴訟を担当する弁護士を訪ね、「政府に不利な弁護をしてはならない」、「創価学会がどんな団体なのかよく考えて自ら行動せよ」と言うのは、今では想像し難い行為だが、当時はこの種の発言が頻繁に行われていた時代だったことを改めて思い知らされる。以下は、ソウル市警情報課文化係の徐《ソ》警査〔訳注：日本の警察の巡査部長に相当。〕が文教部社会教育課の主務官へ送った伝言文だ。

　題目：創価学会の行政訴訟についての展望

一九六四・五・四、一一：○○

発信　ソウル市警文化係　徐警査

受信　社会教育課主務官　李元植《イ・ウォンシク》

一．ソウル市警情報課文化係から情報提供された創価学会行政訴訟の進行に関する情報。

二．ソウル市警は内務部の指示により、創価学会代表の内務部長官に対する行政訴訟事件に関して、本件原告側訴訟代理人李容晩弁護士と接触し、次の事項の合意を得た。

A．創価学会は教理と布教の実態に照らして反国家的、反民族的宗教であるため、これを受け入れることはできないという政府方針が決定されているため、本件の担当に慎重を期さなければならない。

B．従って、政府に不利な結果をもたらす弁論行為は自重しなければならない。

C．問題の重要性に照らして、政府方針と創価学会の教理、布教などの実情を十分に検討、認識しなければならない。

D．弁護士という職業だけにとらわれず、国家観や民族観が大きい視野で扱われなければならない。

三．事件担当弁護人は、前記各号の協議により、五月五日の弁論公判は今後二〜三週間延

長後裁判に応じる。〔原注11〕

七月二〇日、ソウル高裁で裁判が始まった。ところがいざ裁判に入ると、創価学会側に有利に審理が進められた。このため慌てた内務部担当官が文教部へ再び協力を要請する伝言通信文を送った。

題目：創価学会の行政訴訟の動向と今後の対策協力
一九六四・七・二四
発信　内務部治安局情報課　金《キム》警衛〔訳注：日本の警察の警部補に相当。〕
受信　文教部文芸体育局長

一、創価学会大邱地区代表者を自任する崔圭垣は、政府が決定した布教禁止方針に対して、一九六四年四月一一日付、内務部長官を相手に行政訴訟を提起し、李容晩を法定代理弁護士として本件訴訟を行っている。

二．一九六四年七月二〇日　第一回公判がソウル高等裁判所で審理されたが、この公判の審理過程を見ると結審で政府側が敗訴する恐れがあるため、これに対する内務、文教両部の間での協力と対策が切に要請され、第二回公判は来る八月一八日（火）に指定されている。

三．内務部としては、創価学会の禁止措置を直接下したことはなく、文教部が下した政府方針に協力しただけなのにもかかわらず訴訟を提起されており、その答弁が難しいという実情であり、文教部を代弁するのは不自然であり、禁教措置に対する宗教審議会の諮問や禁教方針の決定、国務会議報告など事実の立証を、来る第二回公判時に証人として証言するよう要請します。

布教禁止を下した文教部側から証人として協力してほしいということです。

いかに回答されますか。〔原注12〕

担当者は裁判が予想とは裏腹に内務部に不利に進行することに不安を感じ、次の公判が開かれる八月一八日には、文教部側が証人として出廷して積極的に発言するよう要請している。特に注目すべきは内務部治安局情報課の態度だ。

当初、創価学会を批判して禁止措置を行う案を作って文教部に送ったのは内務部の治安局情報課であり、文教部長官の談話文とその他の行政措置は情報課の提案を実行に移したものだ。ところが協力要請を見ると、治安局の担当者は自分たちは文教部の行ったことに協力しただけだと逃げ腰になっていた。これは高等裁判所に正式に裁判が請求され、裁判が警察に不利に展開するとは予想できず、当惑していることを示している。

この時マスコミは、高等裁判所での裁判については全く報道しなかった。そして一九六四年の年末から関連報道が出始めた。一二月一九日付の朝鮮日報は「似非宗教、国是違反、首を押さえられた創価学会、法廷で反撃」との見出しで「韓国最初の宗教裁判として登場」と報道した。

一方、同日の東亜日報には「創価学会は政治団体だ」との社説が掲載される。進行中の創価学会についての裁判の核心内容と併せて、内務部の立場から創価学会の論理を批判している。これは朝鮮日報とは違って内務部の立場を擁護し、裁判所に圧力をかける内容になっている。

〈図 6-1〉 創価学会の高等裁判所裁判の記事

西紀1964年12月19日 (土曜日)

"似而非宗教다"… "國是違反이다"… 목을 놀렸던

創價學會 法廷으로 反擊

布教禁止는 憲法違反이라고

教徒들、行訴提起

서울高法에서 審理中

出典：朝鮮日報 1964年12月19日

5　創価学会勝訴

一九六五年三月三日、高等裁判所は創価学会の布教活動を禁止した当局の行政処分は合法ではないとし、学会側勝訴の判決を下した。東亜日報と朝鮮日報がこの記事を掲載した。

ソウル高裁特別部は去る一九六四年一月三一日、内務部長官が下した創価学会の布教のための集会および通信連絡、刊行物の搬入、配布、取得などを禁止する行政処分は不当な処置であるとの判決を下した。

ソウル高裁特別部（裁判長＝李明燮《イ・ミョンソプ》部長判事）は三日、創価学会大邱支部代表の崔圭垣氏が内務部長官を相手取って起こした「行政処分取消請求訴訟事件」について、「被告人内務部長官の処分は法令の根拠がなく、所管事務でもない処分なので無効であり、たとえ宗教審議委員会や国務会議の議決があったとしても、それだけではこの処分を合法化することはできない」と判示し、原告である創価学会の勝訴判決を下した。〔原注13〕

高裁の勝訴判決について朝鮮日報は「布教のための集会禁止」、「取り締まりに勝ち公判には負け」、「反国家的、反民族的だと非難されていた創価学会に勝訴判決」と題し、記事を掲載した。〔原注14〕

だが他の新聞は、創価学会が政府を相手取って起こした訴訟で勝訴したと報じながら、創価

〈図 6-2〉 創価学会の高等裁判所裁判の記事

團束에 이기고 公判에는 진

布教위한 集會禁止

"反國家的·反民族的"이라고非難받던

創價學會에勝訴判決

어제高法서 "法令에根據없다"

3일 서울 고법은 만성당면 창가학회(創價學會)의 국내포교금지의 행정처분은 위법이라는 판결을 내렸다. 이로써 창가학회는 정부를 상대로한 『창가학회의 포교를위한 집회및공신연다, 간행물의반입, 배부, 취득일반금지처분 취소청구소송』에서승소, 포교를 할 수있게 되었다.

大法院에上告

땅잃은「서울大綜合計劃」

垈地千餘坪 個人에 拂下

定員再策定등要求

私大總長긴급會議

佛등3個國과 保險小包交換 3月부터

돈行方을搜查 서울新聞社長 不渡手票事件

東國大에

出典：朝鮮日報 1964年3月4日 7 面

学会は政治団体ではないか、皇国的色彩が濃厚なのではないかと、依然として憂慮する論評を掲載していた。反日の対象として目をつけられた創価学会は、高等裁判所での勝訴判決にもかかわらず乗り越え難い苦境に陥った。

6　内務部の上告と最高裁判所の判決

三月二〇日の午後、ソウル運動場では、対日屈辱外交反対闘争委員会の講演が終わると、民政・民主両党員がその場で日章旗の火刑式を行った。青年党員たちは「×」印で黒塗りした日の丸を出し、三万人余りの大衆の目の前で燃やした。この日、内務部は創価学会の布教を許容した高等裁判所の判決を不服とし、創価学会の教理が国是に違反してその活動が政治的様相を帯びているため、憲法が保障する「信教の自由」の範疇をはるかに越えるものだと指摘し、創価学会の活動は違法だと主張した。内務部の主張は、創価学会は政治団体であり、従って憲法が保障する信教の自由を享受することはできないというものだった。

内務部は裁判所に創価学会取り締まりの根拠を再設定するよう求め、最高裁判所に上告した。そして、一年半が過ぎた一九六六年一〇月二五日に最高裁の判決が下された。この判決で最高

〈図 6-3〉 日韓会談反対闘争と創価学会裁判の最高裁上告

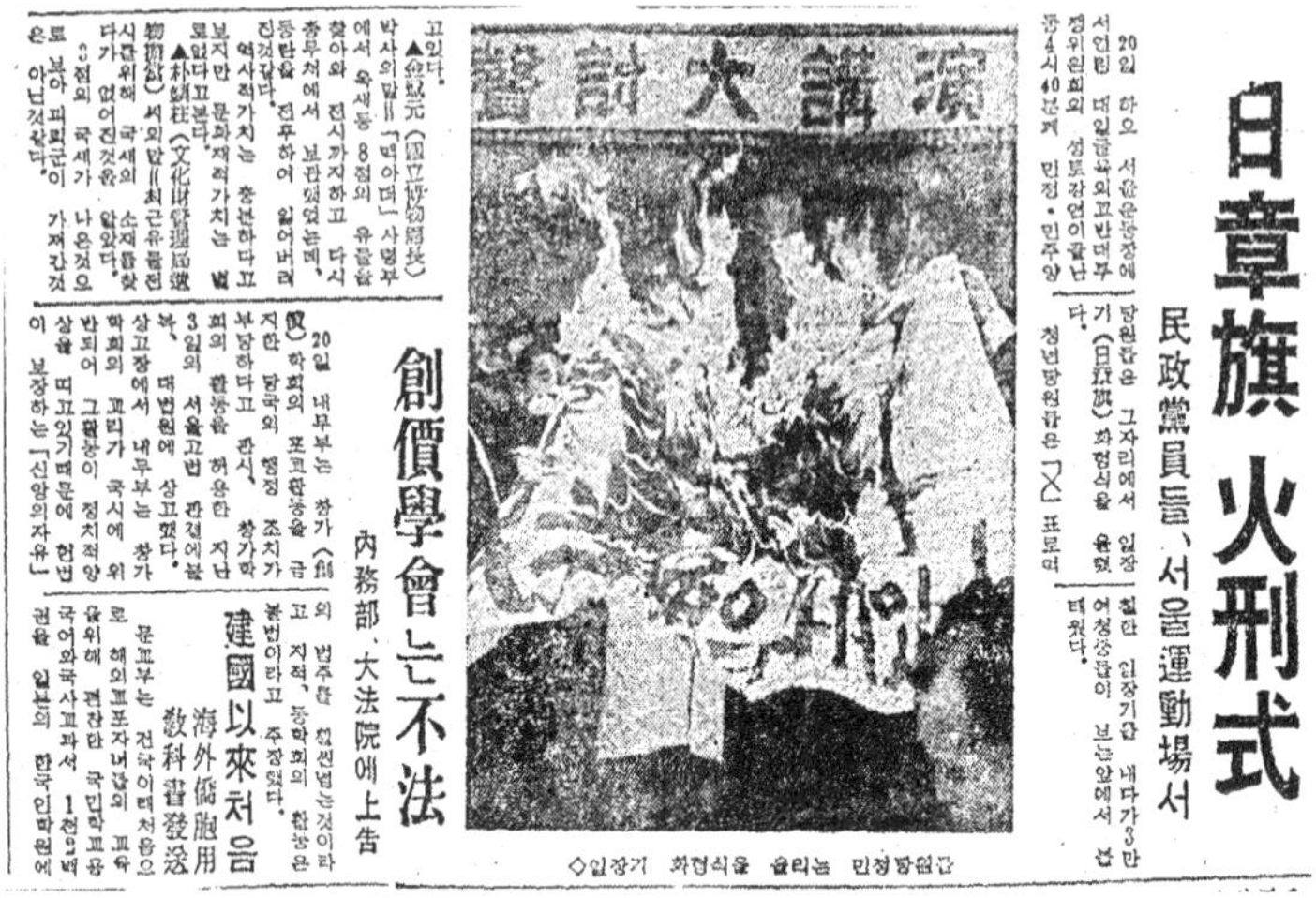

出典：朝鮮日報 1965年3月21日 7 面

裁特別部は、創価学会大邱地区代表が内務部長官を相手に提起した「行政処分取り消し請求訴訟」の原審であるソウル高等裁判所の判決を破棄した。最高裁は「内務部の通知は取り締まりの方針だけを明らかにしたものなので行政訴訟の対象にはならない」と崔圭垣の訴えを却下した。〔原注15〕

これは内務部治安局情報課の基本的な立場だった。政府は創価学会に対して行政処分を下したことはないとしながら、各種の制限措置を取った。公務員、軍人の中で学会員がいないかを調査・監視するとともに、創価学会から脱退するよう懐柔し、創価学会の集会には警察を送って動向を監視し続けた。だが最高裁は警察の行動を問題視せず、創価学会の勝訴も認めなかった。この最高裁の判決は、韓国内の雰囲気を読み取った判事が政府にくみしたように見えるものだ。

最高裁の判決は、政府の行政措置を実質的に認めるものであった。それと同時に信教の自由は認めるという点で政府が勝利したわけでもなければ、創価学会が敗れたわけでもなかった。問題を解決しようとはせずに元の場所に送り返しただけで「裁判所では審理できない問題なので何度も裁判で争わないように」という曖昧な判決を下したのだ。

7　最高裁の判決に関する報道

最高裁の判決が出るとすぐに各新聞は、今回は政府が勝ったと強調し、創価学会がこれ以上布教できないことを確定する判決だと報道した。京郷新聞は「創価学会　取り締まり続く」タイトルの下で「内務部が全国警察に集会と通信なども調査することを指示」したと書いた。〔原注16〕

東亜日報は「創価学会敗訴、最高裁訴えを却下」とし、ソウル新聞は「創価学会、上告で敗訴」と記事タイトルを付けた。〔原注17〕

判決直後、金得榥《キム・ドゥクファン》内務部次官は「創価学会に対する布教禁止措置は行政行為であるため、

〈図 6-4〉創価学会判決結果の記事

創價學會 계속團束

集會·通信등도 調査

內務部, 전국警察에 긴급指示

張俊河씨拘束

布敎할수없다

사실상 발묶여

反國家및反民族的단체

出典：京郷新聞 1966年10月25日 3 面

創価学会の布教活動を引き続き取り締まる」と明らかにした。これは判決を無視した発言だった。金得榥は一九一五年生まれで、日本大学卒業後の一九四二年に満州国高等官試験に合格し、満州国官吏として勤務する一方、秘密裏に抗日運動にも参加したと伝えられる人物だ。彼は全国の警察に、創価学会に対する全般的な動態調査と、創価学会の布教集会や通信連絡、刊行物（日本書籍）の搬入、配布、取得などを細かく調べるよう指示した。すると新任の治安局情報課長である安明洙《アン・ミョンス》は、「布教活動に対する取り締まりを引き続き強力に行う」と明らかにするとともに、「現在、創価学会の勢力は弱体化し、布教活動はほとんど麻痺している」と付け加えた。新任の安明洙は、一九六一年五月一六日に起こった軍事クーデターの中心勢力であり、現役の陸軍大佐という階級で慶尚北道警察局長と京畿道《キョンギド》警察局長を務めた。

一方、文教部は最高裁の判決を見守りながら他の対策を模索していた。それは社会団体登録法を改正し、宗教団体も文教部所管の社会団体として登録するようにする案だった。一九六六年一〇月二七日、文教部長官である文鴻柱《ムン・ホンジュ》は記者会見の席で「現行法上では創価学会を邪教あるいは類似宗教と断定することは難しい。ただし社会団体登録法の登録対象になるよう法改正を推進中」と語った〔原注18〕。

8　日韓協定反対運動

一九六五年二月一五日、日韓両国は日韓基本条約に合意した。そして四月三日に「漁業」、「請求権」、「在日韓国人の法的地位」の三つの懸案に一括で妥結し、それぞれ協定に署名した。すると野党と学生たちは、四月一三日から再び大規模な街頭デモを展開した。

一九六五年六月、日韓協定の正式調印が近づくとデモは再び激化した。特に断食デモは日韓協定の調印を防ぐ最後の手段として各大学に波及した。調印日の六月二二日には、ソウル、仁川、釜山、大邱などでデモが展開された。協定締結後の日韓協定批准反対運動には、学生と野党のほかにも大学教授、プロテスタント牧師、予備役軍人、法律家、女性団体関係者らが参加した。

日韓協定調印後も学生たちのデモは続いた。屈辱的ととらえられた日韓協定に反対して街頭にあふれ出た学生たちのデモは、日韓協定正式調印を前後してピークに達したが、夏休みを迎えて学校を離れることになった学生たちは故郷に散らばった。日韓協定の国会批准を目前に控えた土壇場で、帰郷した学生たちの姿は大きく三つに分けられる。

その第一が日韓協定批准反対署名運動をする学生たちだ。その中でも最も目立ったのが梨花《イファ》女子大学総学生会が全国的に繰り広げた署名運動だった。全羅南道《チョルラナムド》の光州では、梨花女子大学の学生が行った街頭署名で六千人余りの署名を集めるなど、市民からの反響も大きかった。

だが日韓協定批准反対署名運動は当局の監視と密かな妨害工作で多くの制約を受け、特に学生たちが故郷に帰って展開したこのような動きは、両親からの説得に耐えられず中断する例も多かった。都市を離れて田舎に行くほど人々は、署名をすると自身の身にどのような影響が及ぶかを恐れて気軽に署名には応じず、大きな効果を上げることは事実上難しかった。

第二に、日本製品不買の署名運動だ。夏休み当初の日韓協定批准反対運動は次第にその様相を変え、日本製品の排撃運動に変わっていった。これもやはり梨花女子大学と延世《ヨンセ》大学の学生の動きが目立った〔原注19〕。

しかし一九六五年八月一四日、日韓協定批准同意案が与党単独で国会を通過すると、協定批准の無効を要求する学生たちのデモが復活した。特にすべての学校の授業が再開した八月二三日、デモの規模はより一層大きくなり、六・三抗争〔訳注：日韓会談反対デモに関連して一九六四年六月三日から始まった一連の抗争。〕の後に消えていた朴正熙政府打倒スローガンが再び登場した。大学生たちの反政府デモは秋まで続いた。一九六四年に始まった日韓協定に反対する集会とデモは、一九六五年に至るまで長期間続いた。

9　創価学会糾弾、集会所襲撃事件

こうした中で創価学会に関連した議論も一つの部分を占めていた。一九六五年三月にソウル高等裁判所の判決がマスコミに報道されて以来、いくつかの集会があった。創価学会が勝訴したというニュースを聞いた市民団体の中で創価学会を批判する集会を開いたのは、曹渓宗傘下の韓国大学生仏教連合会だった。三月二〇日に大邱では青丘大学仏教信者学生会が集会を開いた。当初、この糾弾大会は一九日午前に開催される予定で警察当局に集会届を提出したが、当局は、創価学会糾弾大会が日韓協定妥結糾弾大会に発展することを憂慮したのかすぐには許可を出さず、日程を一日延期して開催された。

この日の糾弾大会に参加した学生数は二〇〇人余りだった。仏教信者の学生たちはこの大会で「創価学会は民族の魂を蝕む思想的侵略であり、東方遥拝は日本による三六年間の植民地支配の踏襲であると同時に、その布教者や信奉者は李完用《イ・ワニョン》の徒党」と宣言し、国会議長などに決議文を送った。〔原注20〕

李完用は一九一〇年の日韓併合を主導した人物で、韓国人には親日反民族行為者で売国奴であると認識されていた。そのため仏教信者の学生たちは、創価学会の会員になると民族と国をまた日本に売る奴になると宣言したのだ。

ソウルでは一九六五年四月一〇日午後二時に、仏教曹渓宗総務院の後援で「創価学会糾弾大会」が曹渓寺の前庭で開かれた。主催者側は民族精神を蝕む精神的侵略を糾弾し、国民世論を喚起し警戒心を呼び起こすために糾弾大会を開くとし、創価学会を反民族的、反国家的似非宗教団体と断定した。この糾弾大会には、建国《コングク》大学をはじめとする市内一二大学の学生五〇人余りと二〇人の一般人など、合わせて一〇〇人余りが参加した〔原注21〕。

このように、集会申告を出して正式に創価学会糾弾大会を開いたのは、曹渓宗傘下の仏教青年会所属の大学生たちだけであり、その他の大学生が集会を開くことはなかった。大邱とソウルで開かれた仏教青年会の大学生たちの創価学会糾弾大会は、曹渓宗本部の勧めを受けて「仏教大学生会」の幹部たちが主催したもので、日韓会談とは関係ないものだった。

だが注目すべき事態が起きた。それは日韓協定に反対していた大学生数十人が、東大門の外に位置して創価学会本部として知られた嘉皇寺を襲撃した事件だった。彼らが押し寄せた場所は、僧侶である朴素巖が修行している小さな寺だった。ここで朴素巖は創価学会の教理を講義し、信徒たちは定期的に集会を行っていた。

〈図 6-5〉大学生デモ隊の創価学会襲撃の記事

創價學會서騷亂

20餘學生器物팽개치고石佛뜯어가

19일하오6시50분쯤「무궁화애국학생연합회」소속 학생20여명이 창가(創價)학회서울지부인 시내 창신동(昌信2洞)656 박소암(朴素巖=42)씨집에 들이닥쳐 벽에 걸린 법주(法主)의 사진과「이께다」(池田)회장사진을 떼어 팽개치고 본존(本尊) 석불2개를 뜯어가는등 15분동안소란을 피웠다。

대학생 차림의 학생들은「창가학회는 일본의 앞잡이다。반국가적인 매국적인 포교는 집어치워라」는 내용의 붉은 글씨로된 경고문을 벽에 붙여놓고 사라졌다。

박씨는 3년전 창가학회서울지부를설립, 2백여신도를 포섭하여 불법강의형식으로 일련교리를 포교해왔다。

학생들의 소란을 말리던 박씨는 이날 학생들에게 뺨을 여러대맞았다고 했다。

出典：朝鮮日報　1965年8月20日 3面

一九六五年八月一九日午後七時、大学生たちは覆面姿で角材を振り回しながら寺の中へ入り、信仰の対象である本尊を破り、池田会長の写真も引き剝がした。大学生たちは赤い字で「創価学会は日本の手先だ。反国家的で売国的な布教はやめろ」と書いた警告文を壁に貼り付け、寺の中にあった書籍や新聞、その他の書類の束を奪うなどの騒ぎを起こした。その間、創価学会の信者たちは何の抵抗もできず、朴素巖は学生たちに頬を叩かれたりもした。この日のデモに参加した学生の一人の記録によると、「この夜、作戦に参加した特攻要員たちは、北倉洞の居酒屋で勝利の杯をあげた」と語った。〔原注22〕彼らは自分たちが行った創価学会集会所の襲撃を、まるで特殊要員が民族への反逆者集団を断罪するかのように考えて行動した。

この事件を主導した「ムクゲ愛好大学生総連合会」は急ごしらえの団体名だった。この事件は偶発的な事件ではなかった。実際には当時の日韓協定批准に反対する各大学の連合体である「韓批連」が主導したものだった。〔原注23〕当時、学生運動の主役だった韓批連の幹部たちが、創価学会の集会場所である嘉皇寺を事前に調査し、アピール文は仮名で作成した。あらかじめ檄文を作った後、各大学からの志願者が覆面をして角材を持って参加した。日韓協定の会談に反対し、反政府デモの先頭に立った大学生たちが、意図せずに政府主導の「反倭色宗教キャンペーン」に合流していたのだ。彼らは政府の言うとおりに創価学会を認識して反日の標的にした。

当時、政府は日韓会談について学生や知識人から非難されていた。学生、知識人たちは、韓国政府が堂々とした態度で会談に臨まず、日本側に対してもう少し金をくれと、屈辱的な態度で低姿勢を取っていることを批判していた。

民族主義が満ちあふれていたこの時期に、民族精神を蝕む「倭色宗教」という宣伝は、大衆の関心を引き付ける効果が大きかった。しかも既成宗教教団である仏教とプロテスタントが政府の措置を積極的に支援していたため、この措置が個人の信仰の自由を制限するという事実は浮き彫りにならなかった。「韓批連」所属の大学生にとって民族精神は重要な価値だったため、政府とマスコミが言う「倭色宗教」は打破すべき対象だった。

日本の植民地支配から解放されて日が浅かった当時、民族を強調するこのキャンペーンに参加した大学生たちは、自分たちの行為が信教の自由に対する暴力であることを認識できなかった。むしろ国家と民族のために抗日運動をしたのと同じように、日本の宗教を懲らしめるための暴力は避けられないと考えていたのだ。創価学会に対する布教禁止政策が、国家の企画であり暴力であると気づくのはさらに難しかった。そのため大学生らは反創価学会運動を行い、結果的に朴正熙政府を支持して同調する行動をとったのだ。彼らが嘉皇寺を襲撃した時、その場にいた創価学会の会者たちは何も言えず、そのまま学生たちの乱暴な行いに耐えるしかなかった。

その後日韓協定は締結され、国民は反日から経済開発へ目を転じた。朴正熙は、日韓協定によって日本から受け取った金で経済開発五カ年計画を推進した。

第七章　韓国社会と認識の枠組み

1　布教禁止命令と国民の反応

一九五一年から日本社会で急速に成長していた創価学会は、一九六〇年頃から全世界を相手に海外布教を始めた。アメリカ、カナダ、ヨーロッパを舞台に布教を始めたが、同じ時期に韓国でも布教を開始した。韓国への布教は、在日韓国人の会員たちが自分の故郷の家族と親戚に創価学会の教理を伝えることで始まった。日本から韓国へ入ってきた宗教の中には天理教もあった。日本統治時代、天理教は朝鮮で最も多くの信者を獲得した日本の宗教であり、終戦前まで一万人以上の朝鮮人が天理教の信者になった。終戦後、日本が韓国から退くと、天理教の大部分の施設や財産はプロテスタント勢力に渡り、弱体化した。だが一九五〇年代の朝鮮戦争後からは再び勢いが強まり、一九六〇年頃には信徒数が四〇万人を超えた〔原注1〕。天理教に比べると一九六〇年代の創価学会は、韓国での布教が始まったばかりの小さな宗教団体だった。

一九六三年末まで、韓国国内の創価学会員は全国を合わせても三〇〇〇人程度であり、組織化もされていない状態だった。同年一二月、日本の創価学会本部から韓国に訪問団を派遣する事を駐日韓国代表部に申請した。ところが韓国政府はビザ承認を拒否し、その代わり創価学会に対する攻撃が始まった。一九六四年一月一〇日から、全国の日刊紙は創価学会を批判する記事を集中的に掲載した。マスコミが雰囲気作りをすると、再建国民運動本部などの社会団体や仏教団体の糾弾声明が相次ぎ、文教部が「宗教審議委員会」を招集した。続いて国務会議で創価学会の布教禁止処分が下された。大韓民国の国家樹立後、国家権力が政策的に宗教団体の活動を禁止した最初の事例だった。

布教禁止処分が国務会議を通過し、内務部治安局情報課警察の活動は正当化された。逓信部、財務部、外交部でも創価学会を取り締まるための規定を見つけ出し、日本とのつながりを遮断した。新聞には毎日のように「似非宗教」、「邪教」、「倭色宗教」などと創価学会を非難する記事が掲載された。創価学会の新聞、雑誌、書籍の日本からの搬入が禁止された。在日韓国人の会員が日本の金を韓国に持ち込むと外国為替管理法違反で取り締まった。警察に呼ばれた会員たちは、創価学会を辞めろと懐柔された。警察は創価学会の集会を監視した。

私が一九六四年の韓国での創価学会に関する事件に注目する最大の理由は、国家権力が個人の信教の自由を弾圧した非常に重要な事例だからだ。大韓民国でこのような措置が下されたのは、それ以前にも以後にも見られない。もちろん物議を醸した宗教は多かった。一九五〇年代に朴泰善長老の伝道館と文鮮明の統一教会が大きな議論の的になったが、教主に対する弾圧だけで、布教活動までは禁止されなかった。このような点で、大韓民国国民の信教の自由はどこまで保障されているのかという問題を扱う時、創価学会に対する措置は非常に重要な事例となった。

前章まで、一九六四年に韓国社会で発生した創価学会への布教禁止事件についてまとめてみた。布教禁止の処分は大韓民国政府が下した措置であり、具体的には内務部治安局情報課が主導し、文教部の担当官が実行に移した。創価学会の布教を禁止したのは、日本文化の韓国への浸透を防ぐために、政府が先頭に立っていることを国民に示すものだった。これを通じて、朴正熙政権が親日政府ではないことを示そうとした一種のキャンペーンだった。そのために政府は、国民の反日感情が創価学会に向かうようにした。政府の創価学会布教禁止措置は意図した通りに進められた。マスコミはこのような政府の措置を歓迎し、創価学会批判を繰り広げた。内務部は、布教禁止措置を正当化するために宗教審議委員会を開いた。ここに仏教曹渓宗の指導者とプロテスタント牧師、そして政府と関係の深い学者が動員され、政府の意図に応えた。

政府が創価学会布教禁止処分を下し、警察を動員して監視する措置を取ったのは、信教の自由を保障した憲法に違反するものだった。それにもかかわらず、政府の創価学会布教禁止命令は国民の間で広く受け入れられて共感を得た。この理由について私は、当時の韓国社会には政府の禁止措置を受け入れる雰囲気が形成されていたためだと思う。それは大きく二つにまとめられる。一つは国民の間に広がっていた反日感情であり、もう一つは類似宗教に対する考えである。反日感情と類似宗教に対する懸念が結びつき、創価学会を倭色宗教と規定して弾圧することを許容する雰囲気が作られたのだ。

創価学会が反民族的で反国家的な存在というイメージは、反日フレーム（枠組み）から始まったものだ。また創価学会が迷信であるとか政治集団であって宗教ではないという主張は、類似宗教フレームから作られたものだ。創価学会に対してこの二つのフレームが重なり、倭色宗教という烙印が押された。これを可能にしたのは、政府とマスコミが持っていた反日フレームと、既成宗教であるプロテスタントと仏教が掲げた類似宗教フレームだ。ここで反日フレームと類似宗教フレームについて少し説明したい。

2　反日民族主義と倭色一掃運動

韓国人の民族意識は反日民族主義を中心に形成されて発展してきた。朝鮮社会ではすでに高麗末から、倭寇〔原注2〕の頻繁な侵略と壬辰倭乱（文禄・慶長の役、豊臣秀吉による朝鮮侵略戦争）で莫大な被害を受けた集団記憶が、世代を超えて人々の間で継承されてきた。〔原注3〕反日意識は朝鮮末期の開港（一八七六年の日朝修好条規による）以後急速に大きくなり、国権を喪失して日本帝国の植民地支配を受ける中で、抵抗主体として民族意識を育てた。国内だけでなく、中国、ソ連、アメリカなど海外に出て独立運動ができた土台には、帝国日本の国家主義に対抗して国権を回復しようとする反日民族主義があった。

終戦後、米軍政の下では、反日民族主義より社会主義か否かがより重要になった。アメリカがソ連の社会主義を極端に警戒していたからだ。当時の韓国社会では社会主義思想を持った活動家が多くいたが、アメリカは、朝鮮の地で彼らが社会主義国家を建設しようとするのを阻止した。

米軍政の統制下で一九四八年に成立した大韓民国政府は、李承晩と地主勢力、朝鮮総督府で働いていた官吏たちと、日本の警察の下で働いていた警察官、巡査たちが主導権を握った。李承晩の勢力は、社会主義活動家たちが人民委員会を構成して自主政府を樹立しようとすると、彼らを共産主義者として弾圧し始めた。この対策が一段落していた土台の上に大韓民国政府が樹立されたのだった。

一九五〇年に朝鮮戦争が勃発し、南と北は社会主義者かどうかという基準で分断された。大韓民国政府のスローガンは反共になった。一九五三年、朝鮮戦争は終戦ではなく休戦となり、それ以後は準戦時状態が続いたため、敵としての共産党と対決する大韓民国政府が反共を強調するのは自然なことだった。

一方、国権を回復するための反日運動は消えたが、日本の残滓を取り除こうという「倭色一掃運動」が起きた。日本の文化的象徴として提示されたのが、日本語と日本（風）の文化だった。倭色は、まさに日本的なものの残滓を総称する言葉だった。植民地時代の看板や商標、日本語の使用、レコードや映画などから日本を除去する運動が始まった。日本の植民地支配から脱し、朝鮮人の手で国家を建設する時、再び日本の支配は受けないという誓いを表す重要な言葉が「倭色」だった。〔原注4〕

この運動に注目した北海道大学大学院メディア・コミュニケーション研究院教授の金成玟《キム・ソンミン》は、日本の植民地支配からの解放後数十年間続いた「日本大衆文化禁止」現象を分析し、倭色一掃運動が最前面に位置していると見た。だがこの運動は市民が主体となって民間に展開したものではなく、官が主導した一種の啓蒙運動だった。金成玟は「倭色一掃運動は一九四八年八月一五日に大韓民国政府が樹立し、李承晩初代政権が発足する中で制度的にも本格化した。朝鮮半島の南北が分断されたまま政府を樹立しなければならなかった李承晩政権にとって、反日民族主義は政権の民族主義的イメージを強化するための重要な手段だった」〔原注5〕ととらえた。

一九四八年八月一五日に大韓民国政府が樹立し、李承晩政権が始まると、倭色一掃運動が本格化した。李承晩大統領が直接「日本製品の氾濫を防がなければならず、失敗した場合は内務部当局者を処罰する」と宣言するなど、政府と警察、市当局による積極的な規制が実施された。政府の各部署はそれぞれ倭色一掃運動週間を設定し、具体的な実践計画を打ち立てた。文教部は国語浄化運動を始め、小中高等学校の教科書も新たに作成し、学術用語制定委員会も組織した。内務部は、商店をはじめ官庁、会社などの看板に日本式の名称をそのまま用いているところを見つけて取り締まり、変えるよう指示した。

しかしこの倭色一掃運動は、深刻な矛盾と問題を抱えていた。運動を提唱して率いる官吏たちのほとんどが、過去に日本支配下の朝鮮総督府で働いていた経歴の持ち主だったからだ。李承晩政府は、朝鮮総督府の行政機構や警察で働いた植民地支配の協力者を国家機構の中核勢力として登用した。市民の目には、彼らこそ日本の帝国主義時代を人的、構造的に継承する親日派であり、帝国日本の協力者だった。そして彼らの家族こそ、密輸によって持ち込んだ日本製品の主な消費者だった。そんな彼らが反日を掲げ、市民には日本を排撃せよという倭色一掃を強要した。

反日キャンペーンの真っ最中だった一九五五年、政府各部署の合同会議が開かれた。倭色を一掃して国産品を愛用しようと七つの部の代表が会合したが、その内容は次の通りだった。

一、耐乏生活をしよう。
一、洋タバコを吸わないこと。「ノータイシャツ」を着ること。「ダンス」をしないこと。料亭に通わないこと。
一、日本語を使わないこと。
一、密輸品を持ち込まないこと。

公務員が率先してこれらの各条項を実践せよとはいうものの、農民や貧しい人々が実践する該当条項は一つもない。新生活運動もいいし、耐乏生活もするべきだろう。国産品を愛用すべきことも言うまでもない。だが耐乏生活を送るために、国産品を愛用するために指導層から手本を示すべきだが、この階層の人々は耐乏生活をしそうにはなく、国産品を愛用するどころか排斥しているので、きちんと実践する者は誰かというと、該当以外の農民や貧しい人だけだから元の黙阿弥のようなもので、この運動はうまくいかないようだ。強権で動かせば自由侵害とか人権を掲げ、所有権までも盾に掲げる状況なので、新生活運

動は結局のところ各自の自省と自覚に任せるしかない。〔原注6〕

倭色一掃運動に関するもう一つの記事には次のように書かれていた。

「倭色一掃」というスローガンが官の命令で大衆飲食店や料亭、または喫茶店や劇場などに掲げられて久しい。「官」の意図は民衆に親日思想を抹殺させる一方、国民に排日観念を注入しようということから始まったものであり、日本の暴政四〇年間に耐えてきた私たちにはあって当然のことだと納得できないわけではない。だが「倭色をなくしてしまおう」という見栄えだけのモットーが生まれ、また役人がそれを文字にし、印刷して業者や民間人に宣伝した数年間で、一体どれほどの成果が表れたのか疑わしい。そしてそれは「官」自ら実践するどころか、真っ先に踏みにじっているのではないかという印象を持つのはなぜだろうか。

結論的に「倭色一掃」は「官」が最初に掲げておきながら、誰よりも先に踏みにじることになった。そうであるなら、今からでも有名無実のスローガンをやめた方がいいのではないか。そしてそのような形式的なスローガンよりも、実質的に頭の中の「日本統治時代の古臭くて封建的な残骸」を燃やしてしまわなければならない。これがまさにこの国の官僚たちの再教育が急務となる所以である。〔原注7〕

大韓民国政府樹立直後に始まった倭色一掃運動は、市民から好評を得た。だがそれは官主導で推進される過程で空回りしていた。日本統治時代に教育を受けた行政官僚たちは市民に向かって倭色を追放せよと命令しながら、自らが実践するつもりはなかった。具体的にどのようにして、どれだけ日本の陰から抜け出さなければならないのか分からず、関心もなかった。植民地時代の人的、物的資源を構造的に継承した李承晩政権は倭色禁止を語ってはいたが、実践とはほど遠いものだった。〔原注8〕

一九六一年の軍事クーデター後に樹立された朴正熙政権も同様だった。朴正熙政権は既存の官僚、警察、企業家をそのまま抱え込んだ。単に権力を掌握して命令する主体が軍人に変わったというだけだった。朴正熙に日本を排斥する考えはなかった。むしろ日本の明治維新と産業化を韓国経済発展のモデルと考えていた。〔原注9〕そして日韓会談を通じて日本の協力を得ようとしたため、会談を批判する学生や知識人の主張には耳を貸さなかった。だが朴正熙も、国民の間に広がっていた反日感情を無視することはできなかった。そこで朴正熙は、国民の反日感情を積極的に活用する方向で政策を展開した。その結果、日本との政治的、経済的協力は強化しながらも、日本の宗教、映画、漫画などの大衆文化は抑圧するという方向へ進んだ。

終戦後、韓国人に広がっていた反日感情は一九六四年に創価学会に集中的に注がれ、朴正熙や金鍾泌ら軍部関係者への批判は分散して弱体化する効果を得た。その後、韓国政府は政権が危機にさらされる度に国民の反日感情を煽った。特に二〇〇八年から二〇一三年まで韓国の一七代大統領だった李明博《イ・ミョンバク》が、政権末期に支持率が底を打った時、竹島を訪問して自らこれを守ると宣言して支持率を引き上げた。反日感情はこのように利用された。

日本の大衆文化の輸入禁止措置は、一九九〇年代末に金大中《キム・デジュン》政権が輸入を自由化するまで続いた。それまで大韓民国政府は常に、国語純化運動をはじめ、各分野で倭色追放運動をキャンペーンとして続けており、テレビ局が日本のアニメーションを持ち込む時も日本色を消すよう検閲し規制していた。金大中政権が日本大衆文化の輸入を自由化する時も、これを批判する世論はかなり強かった。だがそれからさらに二〇年が経った今日、日本の大衆文化の輸入を批判する声はもう聞こえない。その代わり「冬のソナタ」から始まった韓流ブームが起こり、韓国の映画、ドラマ、大衆音楽が日本へ流れ込んだ。韓国の国民の間では、韓国文化が日本へ入って広がることを誇りに思う傾向が増した。韓流は日本だけでなく、中国、東南アジア、ヨーロッパなどに広がっており、一つの大きな産業として根づいている。

日本文化が韓国に入ってくる時は規制すべきだとの声が高まったが、韓国の人衆文化が日本に広がる現象には反対しないどころか満足している。日本での韓流を韓国人と日本人の自然な文化交流と見るよりは、韓国が日本社会に浸透していると見なして優越感を感じる人が多い。これは何を物語っているのか。日韓間の交流を対決構図ととらえる見方は、日本のものならすべて捨て去ってしまおうという、倭色一掃運動と反日感情に由来しているといえるだろう。

3　類似宗教フレームの威力

私が注目する二番目の点は、一九六〇年代に韓国人の内面に浸透していた、宗教と類似宗教についての区分だった。これは長い歴史を持つフレームでありながら、現在でも強い影響を及ぼしている。朝鮮時代の支配宗教だった儒教の学者は、他の宗教勢力を激しく攻撃して批判した。彼らは仏教の行事を中止させ、道教の祭祀を廃止する運動も行った。一五六六年に開城《ケソン》地域の一〇〇人余りの儒学者が神社に放火した事件は有名だ。〔原注10〕儒学者にとって自分が信奉する宗教的教えが正道であり、仏教、道教、巫俗（韓国・朝鮮のシャーマニズム）などは全て邪道であり非道だった。従って儒学者たちにとって仏教、道教、巫俗は徹底的に抑圧して除去しなければならない対象であり、共存は不可能だった。

日本の植民地支配下での朝鮮総督府の宗教政策をみれば、朝鮮総督府の学務局は宗教団体として承認した神道、仏教、プロテスタント、カトリックを管理して協力する関係を築いた。一方、宗教団体として承認されなかった天道教、甑山教、大倧教などの新興宗教は、巫俗などの民間信仰と共に警務局が管理した。警務局はそれらを類似宗教に分類し、監視と監督を行った。

終戦後、韓国政府の宗教政策は朝鮮総督府の政策をそのまま受け継いだが、文教部は形式的には朝鮮総督府の警務局が担当した新興宗教まで管理を任されることになった。だが運営方式は朝鮮総督府時代と同じだった。総督府時代には日本神道を重要視したが、終戦後の韓国社会ではプロテスタントが大きな地位を占めた。もちろん、当時のプロテスタントの信者数は多くなかった。だがアメリカの軍政がプロテスタントを支援していた。李承晩大統領もプロテスタントの信者だった。

朝鮮戦争を経てからは、アメリカとカナダから入ってくるあらゆる救護物資は、プロテスタント教会と関連団体を通じて配られた。一九五〇年代後半から、文鮮明の統一教会と朴泰善長老の伝道館が新たな宗教団体として登場して広がった。統一教会と伝道館の信者になった人のほとんどがプロテスタント信者だったため、プロテスタント教会の牧師たちは危機感を高め、両教団を取り締まってほしいと政府に要請した。その度に文教部は、両教団を「類似宗教」とみなして取り締まりを強化すると明らかにした。当時、韓国政府は韓国の民間信仰、特に巫女（ムーダン）のクッ（巫女による儀式）と、各都市の占い師たちを迷信業者に分類した。

一方、一九五四年から約一年間、韓国仏教界では仏教浄化運動が繰り広げられた。その中で比丘僧は、それまで韓国仏教の主流勢力であった妻帯僧を追い出し、仏教界の主導権を握ることに成功した。比丘僧集団は曹溪宗を発足させるとともに、有名寺院はもちろん、一〇〇〇余りに及ぶ小さな寺まで含めて全国の寺の大部分を掌握し、一気に韓国仏教の主流となった。その反体に、妻帯僧の集団は仏教界の主導権を奪われて追い出されたが、最終的に太古宗《テゴジョン》という別の宗団を作った。当時、比丘僧たちは李承晩大統領の強力な支援を受けて仏教浄化運動を展開した。李承晩は比丘僧を支持する談話文を発表し、文教部長官と内務部長官に、行政力を動員して支援するよう指示した。動員された警察が比丘僧の手足となって寺院の受付に配置され、李承晩の指示を受けたやくざたちも比丘僧に変身した。当時全国の仏教僧八〇〇〇人のうちわずか二〇〇〜三〇〇人程度の少数勢力だった比丘僧が、一年余りの短い期間に総務院を掌握して妻帯僧を追い出した。李承晩は仏教教団を主導する場から妻帯僧を追い出し、その代わりに比丘が教団の主導権を握れるよう支援した。「親日＝妻帯僧」というイメージを際立たせ、結婚した僧侶である妻帯僧を反日感情の犠牲にしたのだ〔原注11〕。

私は過去三〇年間、学生たちに宗教社会学の講義を続けてきた。最初の授業ではまず自分の宗教を明らかにし、色々な宗教にも触れながら、学生自身の宗教に対する考えを語らせた。学生たちの大部分は「宗教といえば仏教、カトリック、プロテスタントがある」と考える。その他の宗教、それが外国から入ってきたか国内で新たにできたかに関係なく、近代以降の新興宗教に対する見方は非常に否定的だった。アメリカから入ってきた新興宗教であるエホバの証人、安息教、モルモン教などもすべて「怪しい宗教」と考えていた。それだけでなく、韓国の伝統の中で形成された天道教、甑山教、円仏教などの多様な新興宗教もやはり「怪しい宗教」と見なしていた。その反面、教団の主導権を巡って比丘僧と妻帯僧が集団的な乱闘劇を繰り広げたとしても、仏教を「正常な宗教」と見なしており、終戦後にプロテスタントの長老教団内で数十個の教派に分裂する現象が起きたプロテスタントも、主な宗教と見なしていた。このような認識は、僧侶と牧師が主導する「宗教の正統性」の主張によって形成されたものと考える。比丘僧は、妻帯僧が結婚したという理由で韓国的な仏教の伝統から逸脱したと主張する。プロテスタントは、内部から異端を排除する作業を絶え間なく進めてきた。

植民地支配からの解放後、韓国のプロテスタントは、正統性を掲げて異端勢力を教会から追い出す戦いを絶え間なく繰り広げてきた。主流を占めようとする勢力間の暗闘によって数十個の教団に分裂し、誰が正統で誰が異端かを判定する問題が今日まで議論の核心となってきた。同じプロテスタントの中でも、誰が主導権を握るかによって正統と異端が決まる。異端の烙印を押されるのは少数派であり、現在の秩序を認めない側だ。こうした理由により、宗教を研究する学者たちは「異端」という表現より「セクト」sectという中立的な表現を使う。

創価学会が初めて韓国へ入ってきた時「異端」、「似非宗教」、「政治団体」等の激しい用語を使って反対した人々の大半は曹渓宗だった。その理由は、創価学会が日本で生まれた仏教系新興宗教だったからだ。彼らの主張は、創価学会が正統な仏教からかなり離れた仏教だというものだった。だが釈尊滅後の仏教は全世界に広がって多様な形で各地域に定着しており、それぞれが古代、中世、近代と変化を繰り返してきたため、どの教理や儀礼、戒律を守るかという問題は仏教界でも統一不可能だった。しかし一九六四年当時、韓国仏教界の主流を占めた比丘僧と、主流から押し出された妻帯僧との激しい権力争いはまだ終わっていなかった。従って仏教界の主流の論客たちは比丘僧を正統に置き、妻帯僧を親日仏教に追い込んで排斥した。

一九六四年、文教部が宗教審議委員会を招集して創価学会の韓国布教問題を扱った時、委嘱された審議委員の半分以上が曹渓宗の僧侶とプロテスタントの牧師たちだった。彼らは自分たちの属する曹渓宗とプロテスタント教会が民族の正統性を備えた教団だと自負し、創価学会を類似宗教へと追い込む先頭に立った。

そして創価学会の布教禁止措置が下された後、人々は創価学会という宗教団体の教義と活動内容を知ろうとはせず、名前だけを聞いて敬遠するような社会的雰囲気が作られた。

一九八〇年代以降、警察が創価学会の集会を取り締まったり査察したりすることは減った。創価学会を糾弾する曹渓宗側の集会もなくなった。創価学会を類似宗教と責め立てたプロテスタントの牧師たちの講演が行われることもない。だが韓国人の創価学会に対する認識は歪曲されたまま続いている。

そもそもフレーム（物事のとらえ方、枠組み）というものは、私たちが世の中を眺める方向をあらかじめ設定することで、毎日のように降り注ぐニュースを消化、整理して受け入れられるように助ける役割を果たす。それと同時にフレームは、ともすれば私たちの物事に対する見方を狭め、固定観念を抱かせることもある。従って、自分が持っている認識の枠組みがどのように作られたのかを省みることは、個人や社会にとって有益で大切な作業だ。韓国人である私たちが持っている様々なフレームの中で、類似宗教という認識も現代韓国の歴史の中で作られた産物だ。一九六四年にはそれが非常に強力な見方ではあったが、正しい認識ではなかったのだ。

結びの言葉

1　存在の見えない韓国創価学会

二〇一五年に行った韓国人口調査の結果が発表された時のことだ。私の関心を引いた項目の一つが宗教統計だった。韓国人の中で宗教を持っていると答えた人口は、一〇年間で五三%から四四%に減った。宗教人口が大幅に減ったということも興味深かったが、韓国でどの宗教に所属している信者が多いのかを調べ、教団別信者分布に注目してみた。プロテスタント、カトリック、仏教の三大宗教を中心に二〇〇五年から一〇年間の変化を見ると、一〇〇〇万人を超えていた仏教の信者が約三〇〇万人減って七六二万人、カトリック信者が五〇二万から一一三万人減って三八九万人になったが、プロテスタント信者は八四五万人から一二三万人増加した。プロテスタントが一位になり、仏教が二位に下がり、成長すると信じられていたカトリックが三位となった。この結果に対して、カトリック、プロテスタント、仏教の各メディアはそれぞれ多様な反応を見せた。仏教とカトリックのメディアは当惑して不快感を示し、調査方法が間違っていると主張した。一方、プロテスタント側は一位になったことで喜色満面だった。このニュースは宗教学者の間でしばらく話題になった。

〈図 1〉 人口調査の宗教項目質問票

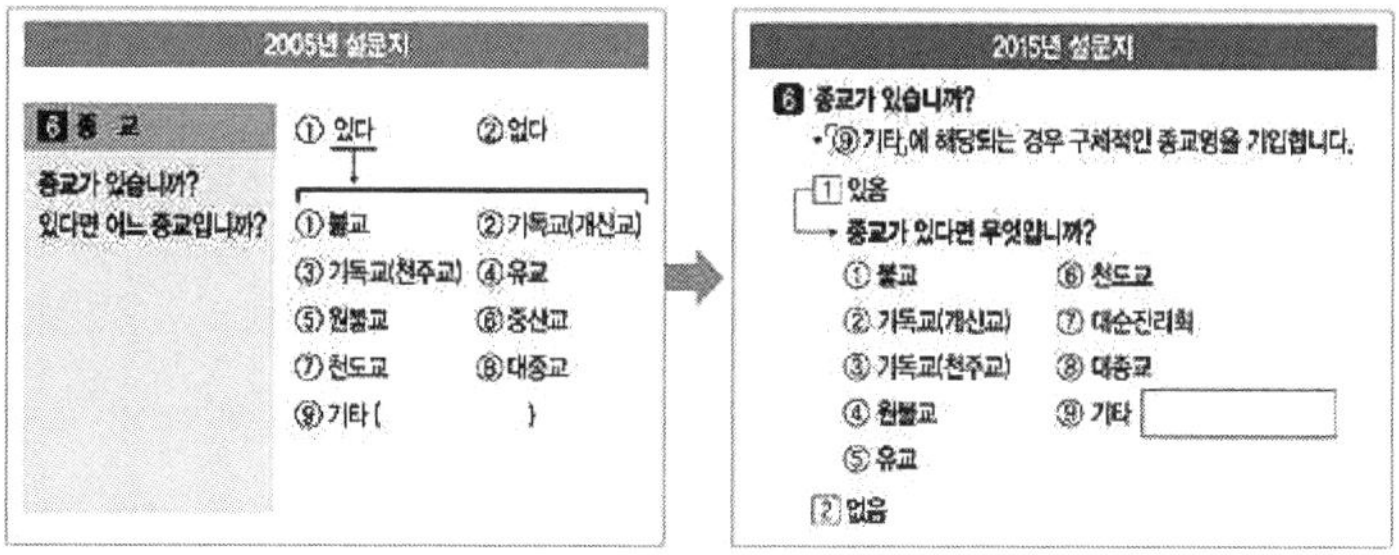
2005년 설문지

6 종 교

종교가 있습니까?
있다면 어느 종교입니까?

① 있다 ② 없다

① 불교 ② 기독교(개신교)
③ 기독교(천주교) ④ 유교
⑤ 원불교 ⑥ 증산교
⑦ 천도교 ⑧ 대종교
⑨ 기타 (　　　　)

2015년 설문지

6 종교가 있습니까?
•「⑨ 기타」에 해당되는 경우 구체적인 종교명을 기입합니다.

1 있음
→ 종교가 있다면 무엇입니까?
① 불교 ⑥ 천도교
② 기독교(개신교) ⑦ 대순진리회
③ 기독교(천주교) ⑧ 대종교
④ 원불교 ⑨ 기타
⑤ 유교

2 없음

出典：統計庁のホームページ

私はこのニュースを見ていて「なぜ創価学会がないのか」という疑問が生じた。創価学会だけでなく、大理教も見当たらなかった。韓国社会で創価学会の会員数は教団発表で一九八〇年代末に八〇万人であり、二〇〇〇年に一五〇万、二〇一九年現在一七〇万を越えていた。もちろん教団の公式発表なので、信者として登録されてはいるものの積極的に活動に参加していない会員もいるだろう。従って半数だとしても一〇〇万に近い。この程度の規模なら、韓国でプロテスタント、仏教、カトリックに次ぐ第四位に当たるだろうと思った。

韓国統計庁のホームページで二〇〇五年と二〇一五年の人口調査票の項目を調べてみた。〈図1〉からも分かるように、質問票の宗教項目は「宗教を持っていますか？　持っているとしたらどの宗教ですか」と尋ねている。持っていると持っていないという答えの下に八つの教団名と「その他」の項目がある。二〇〇五年度は三大教団の次に儒教、円仏教、甑山教、天道教、大倧教を挙げ、二〇一五年度には若干順序が変わり、甑山教が大巡真理会《テスンチルリ》に代わった。統計をもう一度見てみると、円仏教は八万四〇〇〇人、儒教は七万六〇〇〇人、天道教六万六〇〇〇人、大倧教三〇〇〇人、その他一三万九〇〇〇人との調査結果が出ていた。

韓国人口調査のどこにも、創価学会または韓国ＳＧＩ（創価学会インタナショナル）という名前はなかった。韓国の人口調査の担当者は、なぜ韓国系の新興宗教は項目に入れ、日系新興宗教は除外したのだろうか。

二〇〇五年の韓国人口国勢調査が行われた時期に、私は韓国の創価学会の会員たちに会う機会があった。その時、繰り返し尋ねたのは、国勢調査の時にどう答えるかということだった。「その他」の項目に「韓国ＳＧＩ」と書くと答える会員もいたが、それはごく一部であり、大部分の会員は「仏教」と答えていると言った。そうすると「韓国ＳＧＩ」と書いた会員は「その他」に、「仏教」と答えた会員は「仏教」信者に分類されてしまう。こうして韓国の宗教統計の中で創価学会会員の存在は消えた。私はこのような現象が一〇年後にも繰り返されたのだと思う。

韓国社会に会員一〇〇万人を超える宗教団体があるのに、その宗教団体が統計の中に表れなければ、それは現実を大きく歪曲した統計調査となるだろう。それにもかかわらず、それを指摘して正そうとする試みは見当たらない。その理由を単純な間違いとみなすことは難しい。もし統計庁の担当者が、宗教の範疇から韓国の天道教や大倧教を除き、代わりに創価学会と天理教を入れたとしよう。あるいはある宗教社会学者がそのような提案をしたとしよう。それで宗教項目の質問票が変わったとしたら、市民はどんな反応を見せるだろうか。

では、正確な韓国社会の宗教現象の推移を分析し、説明しなければならない宗教社会学者たちは、この調査の何を見ているのだろうか。私と同じ学問分野の同僚たちに聞いてみたくなった。

これまで韓国で創価学会会員たちは、警察の継続的な査察と妨害、社会的偏見の中でそれなりの道を歩んできた。複数の系統に分離していた創価学会の組織が一九七五年から統合され始めた。そして会員数はこれまで上昇曲線を描き続けている。その結果、一九六〇年代から再び布教が活発になった天理教と創価学会をはじめとする日本の宗教は着実に信者を増やし、現在二〇〇万以上の韓国人信者を確保するに至った。創価学会は韓国で、仏教、カトリック、プロテスタントの次に信者が多い宗教団体だ。創価学会は韓国の宗教勢力図の中で非常に重要な位置を占めている。

ところが、どうして韓国の宗教研究者たちは、創価学会という宗教団体がまるで存在しないかのように何の問題も提起しなかったのか。それは韓国社会に住む人々が創価学会に対して抱いている反日フレームと、類似宗教フレームによるものだと思う。この二つのフレームが重なることで研究者たちも、長きにわたって創価学会抜きに韓国社会の宗教現象を説明することに慣れてきた。そして、あたかもそのような宗教は存在していないかのように説明してきたのだ。

2　創価学会の進むべき道

私はこの本で、弾圧の主体者である政府とマスコミ、知識人だけを取り上げ、当時創価学会の信者になった人々については分析できなかった。草創期に創価学会の会員になった韓国人は、日本から入ってきた仏教界の新興宗教を受け入れ、信じた人たちだった。同時に彼らは韓国社会に根を下ろして暮らし、創価学会の教えから人生の希望を見出した庶民たちだった。彼らがどんな人だったのかも取り上げなければならなかったが、私の力はそこまで及ばなかった。だが私は資料を調査する過程で特に、一九六四年当時、創価学会の会員だったソウルの李丁順と朴素巖、そして大邱の崔圭垣のことが心に残っている。彼らは病に苦しみ、事業にも失敗し、人生の意味を求めてさまよっていた。その時、創価学会の教えに出会って会員になった。韓国で他の人々より早く会員になったため、会員の中心的な役割を果たしたが、そのために警察の監視対象となり、大変な経験をしなければならなかった。しかし彼らは政府の弾圧に自ら進んで抗議した。

マスコミが創価学会を批判する記事を書き立てた時、彼らは新聞記者の前で自分の考えを話し、自身が作成した釈明書を持って文教部の担当者に会い、政府が布教活動を禁止する措置は不当だと抗議する文書を提出した。私は彼らの姿を追いながら、たとえ勝算がなくても自分の信念を貫いて行動する人たちだと思った。個人の権利が侵害されたことに自らの意志で抵抗した彼らの勇気が特別なものに思えるのは、その年がまさに軍事独裁政権が始まった一九六四年だったからだ。記憶に残る数多くの無念な出来事が朴正煕政権で起きた。彼らはそのような危険な時代に、国家の下した命令が間違いだと主張した。当時の資料の行間から「あなたたちこそ間違っている」と叫ぶ彼らの声が聞こえた。国家権力が個人の自由を奪うことはできないという基本的で純粋な考えこそ、高等裁判所から最高裁での裁判へと続く困難な時間を乗り越え、国家権力を相手に裁判を戦うという恐怖に打ち勝った彼らの心の支えだったと思う。

私は宗教社会学者として、二〇〇〇年以来、創価学会を研究してきた。二〇一三年に出版した『創価学会と在日韓国人』では、二〇〇六年からインタビューした在日韓国人の創価学会会員の宗教体験をもとに信仰と活動内容を調べた。その本の中で私は、個人の信仰心は国や民族を超えると書いた。終戦後、日本に残された朝鮮人にとって自分の人生を立て直すきっかけとなったのが、創価学会の会員との出会いだったことを見た。もちろんすべての在日韓国人が創価学会の会員になったわけではなく、すべての日本人が在日韓国人を差別したわけではない。だが創価学会の組織の中に入ってからは日本社会での差別を感じなかったという、在日韓国人の証言は非常に重要だ。

在日韓国人が故郷の家族や親戚に自分の信仰を伝えたことが、今日の韓国創価学会の基礎となった。そして初期の会員たちは政府から弾圧を受け、韓国の創価学会は倭色宗教という烙印を押された。そのために韓国社会で創価学会の会員たちは、自分が会員だということをあまり表に出さない。教育と文化、平和を象徴する創価学会の精神を実現するために多方面で活動しているが、この宗教団体の活動はマスコミには報じられない。韓国創価学会のこのような慎重さは、一九六四年の布教禁止措置によるトラウマだと思う。その時から五五年が経った今、韓国創価学会は反民族的な集団でもなければ政治的な集団でもないことが確実になった。だが一度刷り込まれた大衆の認識はなかなか変化しない。韓国の一般人の中には「韓国創価学会」や「韓国ＳＧＩ」という団体名より「南妙虎の教」と卑下して言われる。このような奇妙な呼び方は「法蓮華経」の韓国語の音が「ホレンケキョウ」なのでその中で虎（ホウレン）と教（キョウ）の音を合わせたものだ。正式な団体名ではなくトラ教と呼ぶのは、根深い偏見を持って創価学会を見ていることだ。

それにもかかわず、私はこの二〇年間余り創価学会を研究しながら、ますますこの宗教団体に期待するようになった。これまで創価学会の平和への思想と運動を見てきて、この会の反戦平和運動は、より一層発展すると考えるようになった。

では韓国創価学会はどうだろうか。この本で私は、韓国社会で作られた認識の枠組みを創価学会の例を挙げて明らかにした。韓国社会における創価学会に対する偏見は今も変わらないとも書いた。だが人々の考え方は簡単には変わらない面がある反面、社会の流れに乗って変化することもある。

韓国社会の反日感情や反共意識、類似宗教に対する考えも同じだ。どのような方向に進むかということは、その社会が蓄積した文化的資産によって変わるだろう。朴槿恵政権を打倒した「ろうそく革命」の後、文在寅政権が発足して以来、韓国社会はより民主的で成熟していくことを実感している。ゆっくりとではあるが、韓国社会は精神的にも文化的にも発展しているのだ。文化の交流と市民の連帯を通して、韓国人と日本人が新しい時代の真の隣人として生まれ変わる時が来た。

最後に私は、韓国の創価学会の会員たちが堂々とした姿勢で社会と交流することを願う。そして彼らが世界平和の構築に重要な役割を果たすことを期待している。

感謝の言葉

初稿を読んで検討する作業は、まず洪性讚《ホン・ソンチャン》氏、李仁在《イ・インジェ》氏、李承烈《イ・スンヨル》氏、李俊植《イ・ジュンシク》氏など、私の勉強会である古典講読会の会員たちが共に行ってくれた。そして私の宗教社会学の授業を共にした済州大学社会学科と韓国学協同課程の大学院生たちの真剣な討論も大きな力になった。韓国SGI（創価学会インタナショナル）のク・ヒョンモ局長は、私が見落としていた創価学会に関連する箇所を指摘してくれた。息子の趙智君《チョ・ジフン》は読者の立場で原稿を丁寧に読んでくれた。一九六四年の韓国社会の雰囲気を知らない若い読者にこの本がどう読めるか知るようになった。最後の段階で原稿を読み、本のタイトルを一緒に悩んだ弟、趙誠振《チョ・ソンジン》に感謝の気持ちを伝える。

私が書いた草稿は数カ月かけて文の構成を変え、文体を変えながらこの本になった。妻の金《キム》・美廷《ミジョン》は、読者が読みづらかったかもしれない私の文章を整えてくれた。

最後に、この本を読んでくださった読者に心から感謝の気持ちを伝えたい。

二〇一九年一一月九日、秋が深まる済州市我羅洞《アラドン》の研究室にて　趙誠倫

訳者の一言――一九六四年、それから六〇年と私

朴正熙大統領が死んだ。一九七九年の秋、夜明けの頃、私はラジオのニュースに耳を疑った。ありえない出来事に胸がざわつき、すぐにでも北朝鮮軍が攻撃してきて戦争になるのではないかと不安になった。学校へ行く道すがらそんなことにならないよう神に祈った。

私が生まれた一九六四年には朴正熙は我が国の大統領だった。大統領といえば朴正熙、朴正熙といえば大統領というのは当たり前で、大統領の前に別の人物の名前が付くことは想像できなかった。韓国を体現する彼が死んだ。日本から、そして北朝鮮からも国を守ってくれた彼が死んだ。

私は大人から褒められ学校の先生から模範生と呼ばれるのを誇らしく思っていた。学校で行われる国民教育憲章暗記大会で賞を貰ったり、教育委員会が主催する学生エッセイ大会で愛国心や反日反共精神について文章を発表した。将来、国家の人的資源になれるよう勉強しなさいと先生は言った。私は先生の教え通り真面目に勉強し、国家に必要な素晴らしい人間に成長していると思っていた。

月に一回、北朝鮮の攻撃を想定して行われる防衛訓練に参加した。授業中でも訓練のサイレンが鳴ると運動場の隅に逃げなければならず、戦争の恐怖を感じた。

私たちは日本を憎んでいた。日本は三六年間の植民地支配以前から我が国の人々を苦しめた。日本の朝鮮侵略については試験にも出た。敵は日本と共産主義国家だった。

一九七三年、私が住んでいる田舎の村に電気が通った。一九七五年には各家庭に水道が引かれた。村の人々はそれらの出来事を喜び、経済開発に力を入れる朴正熙の政治に歓呼の声をあげた。村の人々も我が家も経済発展に力を入れる日々を送った。両親は眠る間を惜しんで朝から晩まで畑で働いた。いつの間にか友だちのお父さんの姿が見えなくなったと思ったら日本に密航したことが分かった。日本でお金を稼ぐ人がいる家には白黒テレビや炊飯器が届いた。日本製は国内製より高級品で、それを持っている人は羨ましがられた。学校では国内製を使おうと言われたが、私は友だちの家に行くたびに日本製品が欲しくなり、私の父も密航して日本で働いてくれたらいいのにと思った。

テレビで朴正熙の葬儀を見た。北朝鮮からは何の攻撃もなかった。後任の大統領はすぐに辞任し、軍出身の人物が大統領になった。

一九八〇年の春、私は市内の高校に進学した。高校の友だちの中にはソウルの大学に進学している姉や兄がいた。その友だちからソウルの大学では反政府デモが激しくなっていることを聞いた。高校の歴史の授業でも反共と反日教育は続いていた。

私が住んでいた済州島では、学校での反日教育とは裏腹にすでに親日の雰囲気が漂っていた。韓国の中でも済州島は特に日本からの観光客で賑わっていた。日本人観光客はもちろん済州出身の在日韓国人は故郷を訪問する際にお金を持ってくる人であった。日本はお金持ちになれるという夢を叶える場所だった。

一九九〇年代末、韓国政府は日本の大衆文化を開放しようとした。当時読んだ新聞記事には日本の大衆文化の開放は我が国の青少年に悪影響を及ぼす恐れがあると書かれていた。一九六五年の日韓協定から三〇年以上を経ても反日感情は韓国社会に色濃く残っていた。戦後の日本の経済発展を羨むと同時に、日本を警戒し蔑視していた。

日本の大衆文化開放に厳しい反対の声がある一方、国家が文化の開放にまで干渉するのは正しくないという雰囲気もあった。その変化の流れの中で私も日本に旅行する機会を得た。私にとって初めての海外旅行だった。二回目の日本旅行では東京のジブリ美術館に行った。その日、展示されていたのはアルプスの少女ハイジのアニメだった。私の村に電線が設置され、わが家でもテレビが見られるようになった時、見ていたアニメだった。幼い私は大人になって海外旅行ができるようになったらアルプスが綺麗なスイスに行きたいと思っていた。

しかし私の憧れたアルプスの少女ハイジが日本のアニメだったことに頭を殴られたような衝撃を受けた。こんなことさえ知らずに過ごしてきた自分に怒りを覚えた。すでに日本の大衆文化は韓国に入ってきていたのだ。日本で制作されたアニメを放送しながら、それが日本の作品であることは隠していたのだった。

私は二〇年前から日本語を習うことにした。社会学者の夫と共に日本に行く機会が増え、日本人の友だちができ日本の本を読むようになった。自分の目で日本社会や文化を体験するうちに徐々に反日教育の影響から抜け出たと思う。こうした機会がなければ、一九六四年にソウルの小さな寺を襲撃した大学生たちのように、相手が創価学会の会員というだけの理由で棒を振り回し暴力を振るっても平気な人になっていたかもしれない。そうした自分たちの行為を愛国心だと思う大人になったかもしれない。

一九六四年当時のことが綴られたこの本を日本語に翻訳しながら、これを読む日本人に韓国政治や社会の素顔をさらすような気がした。当時の韓国の権力者や宗教界の人々の言動と措置に、韓国人として恥ずかしさを覚えたところもあった。そうだとしても韓国にこのような時期があったことを日本の読者に知ってほしかった。国家という大きな壁の裏側に権力者の思惑と情報操作があったことも伝えたかった。

日本語への翻訳作業には韓国語を学んでいる私の友人の協力が大きかった。彼との友情は二〇年前から続いていて今では家族のように繋がっている。お互いの国の言葉に魅力を感じているうちに翻訳作業でも協力を得ることができた。この本の日本語訳の草稿を読み、日本の出版社との仲介の労をとってくれた友人にも感謝している。日韓の友情に支えられて一冊の本が出ることになった。これは日韓交流の小さな結晶である。

この本を読んで下さった日本の読者の皆さまに深く感謝します。

二〇二四年四月三〇日

金美廷　済州島にて

原注

第一章

〔1〕李承晩、『韓日通商について』、1948年10月22日、『大統領李承晩博士談話集』、公報処、1953。

〔2〕李俊植、2002、「朴正煕時代の支配イデオロギーの形成：歴史的起源を中心に」、韓国精神文化研究院編、『朴正煕時代研究』、ソウル、白山書堂、194〜206ページ。

〔3〕文化広報部総務課『その他の仏教団体（創価学会）』、所蔵機関 国家記録院、管理番号BA0103891、161ページ。

第二章

〔1〕趙誠倫、金美廷 2013、『宿命転換の贈り物』、図書出版ハヌル、34ページ。

〔2〕田原総一朗、2018、『創価学会』、毎日新聞出版、第三〜四章。

〔3〕秋庭裕、2017、『アメリカ創価学会<SGI-USA>の55年』、新曜社、第一章。

〔4〕趙誠倫、2013、『創価学会と在日韓国人』、図書出版ハヌル、第二章。

〔5〕前掲、『宿命転換の贈り物』、90〜91ページ。

〔6〕前掲、『宿命転換の贈り物』、62ページ。
〔7〕前掲、『宿命転換の贈り物』、64ページ。
〔8〕前掲、『宿命転換の贈り物』、54ページ。
〔9〕2006年7月20日、東京、在日韓国人創価学会会員の平山のインタビュー。
〔10〕2006年8月17日、東京、在日韓国人創価学会会員の新井のインタビュー。
〔11〕趙誠倫、2005、「済州島に入ってきた日本宗教と在日韓国人の役割」、「耽羅文化」第27集、済州大学耽羅文化研究所。
〔12〕京郷新聞　1964年1月16日7面。
〔13〕池田大作、2003、『新・人間革命』第8巻、聖教新聞出版局、339〜340ページ。
〔14〕朝鮮日報　1964年1月14日6面：東亜日報　1964年1月14日7面。
〔15〕韓国日報　1964年1月18日3面。
〔16〕東亜日報　1964年1月14日7面。

第三章

〔1〕京郷新聞　1964年1月11日6面。
〔2〕崔圭垣の名前は新聞報道ごとに異なる。朝鮮日報の記事では創価学会大邱地区の責任者として

蔡圭恒《チェ・ギュハン》と記し、記者が訪問した家の主人の名前は崔圭源《チェ・ギュウォン》と出てくる。この2種類の名前は以後他の新聞でも何度も出てくる。そうかと思えば、崔圭煥《チェ・ギュファン》とも書いてある。3人の名前はすべて同一人物だが、記者が漢字の名前を正確に読めなかったため名前の表記がそれぞれ異なってしまった。

〔3〕朝鮮日報 1964年1月13日7面：韓国日報 1964年1月12日7面。
〔4〕京郷新聞 1964年1月13日7面。
〔5〕東亜日報 1964年1月13日7面。
〔6〕朝鮮日報 1964年1月14日6面。
〔7〕朝鮮日報 1964年1月14日7面。
〔8〕東亜日報 1964年1月14日1面〈しどろもどろ〉。
〔9〕京郷新聞 1964年1月14日7面。
〔10〕韓国日報 1964年1月15日3面：東亜日報 1964年1月15日7面。
〔11〕京郷新聞 1964年1月15日7面。
〔12〕東亜日報 1964年1月15日2面社説。
〔13〕東亜日報 1964年1月15日2面社説。
〔14〕東亜日報 1964年1月15日5面。
〔15〕京郷新聞 1964年1月16日3面。

第四章

〔1〕「日蓮宗創価学会の分析および対策」、『その他の仏教団体（創価学会）』、所蔵機関 国家記録院、管理番号BA0103891、184〜195ページ。
〔2〕尹海東、2013、「植民地近代」と宗教―宗教概念と公共性、尹海東・磯前淳一編、『植民地朝鮮と宗教』、三元社。
〔3〕荻野富士夫、2012、『特高警察』、岩波書店、2〜9ページ。
〔4〕キム・イルジャ、1991、「韓国警察性格の研究：1945〜1960」、梨花女子大学校政治外交学科修士学位論文：カン・ヘギョン、2002、「韓国警察の形成と性格（1945〜1953年）」、淑明女子大学校大学院史学科博士学位論文。
〔5〕東亜日報 1960年2月19日3面。朴泰善長老派は韓国プロテスタンス系統の新興宗教、1955年に創立、規模が大きくなると、伝道館という名称を使用し、後に天父教になった。
〔6〕東亜日報 1964年1月17日7面：京郷新聞 1964年1月17日7面。
〔7〕文教部社会教育課、「創価学会布教対策のための宗教審議会会議録」（1964年1月17日）、「その他仏教団体（創価学会）」、所蔵機関国家記録院、管理番号BA0103891、229〜236ページ。
〔8〕文教部社会教育課、「創価学会布教対策のための宗教審議会会議録」（1964年1月17日）、「そ

の他の仏教団体（創価学会）」、所蔵機関　国家記録院、管理番号BA0103891、229～236ページ。

〔9〕第6回国務会議録（1964年1月21日）、「創価学会の措置状況報告」所蔵機関　国家記録院、管理番号BG0000396、399ページ。

〔10〕文教部社会教育課、「創価学会の措置による郵便物等の取り締り協力要請」、「その他の仏教団体（創価学会）」国家記録院、所蔵文書管理番号BA0103891、146～151ページ。

〔11〕「報告書」（1971・8・18）、『その他の仏教団体（創価学会）』国家記録院、所蔵文書管理番号BA0103891、20～25ページ。

〔12〕「64・1・18。前記のような方針決定により以下の各機関に示達すると同時に最善を尽くしてその蔓延を防止するようにし、内務部（取り締まり）、公報部、財務部（印刷物の通関禁止）、逓信部（郵便物の取り締まり）と再建国民運動本部（国民運動による蔓延防止）のそれぞれ協力の基に措置を取り」、「創価学会に対する措置の経緯」、『その他の仏教団体（創価学会）』国家記録院、所蔵文書管理番号BA0103891、51～53ページ。

第五章

〔1〕「韓国進出を夢見る日本の創価学会―来韓した在日同胞の朴相輔さんらが先頭に」、東亜日報

1963年7月24日5面。

〔2〕韓国日報　1964年1月15日3面。

〔3〕「日蓮宗創価学会の分析および対策」(1964・1・14)、『その他の仏教団体(創価学会)』国家記録院、所蔵文書管理番号BA0103891、184～195ページ。

〔4〕朝鮮日報　1964年1月17日7面。

〔5〕京郷新聞　1964年1月18日7面。

〔6〕日本侵略精神粉砕闘争会の建議文(3月10日)、創価学会の正体について(1月30日)、糾弾文(同)、声討文(同)、決議文(2月15日)、創価学会の正体(同)、『その他の仏教団体(創価学会)』国家記録院、所蔵文書管理番号BA0103891、250～259、272～280ページ。

〔7〕「創価学会の動向に関する市民言動」(1964・2・24)、『その他の仏教団体(創価学会)』国家記録院、所蔵文書管理番号BA0103891、227ページ。

〔8〕「創価学会の動向」(1964・4・16)、『その他の仏教団体(創価学会)』国家記録院、所蔵文書管理番号BA0103891、267～269ページ。

〔9〕「創価学会の動向」(1964・4・23)、『その他の仏教団体(創価学会)』国家記録院、所蔵文書管理番号BA0103891、267～269ページ。

〔10〕ソウル市教育委員会、「嘉皇寺の実態調査報告」(1964年1月14日)、(1964年1月17日)・・

釜山市教育委員会、「創価学会布教に関すること」、『その他の仏教団体（創価学会）』国家記録院、所蔵文書管理番号BA0103891、121～145ページ。

第六章

〔1〕創価学会についての釈明書（李丁順、李順子）『その他の仏教団体（創価学会）』国家記録院、所蔵文書管理番号BA0103891、218～226ページ。

〔2〕釈明書（崔圭垣）、文教部長官閣下（崔圭垣）（1964年2月8日）、本学会大邱地区代表崔圭垣が提出した釈明書（1964年2月14日）、『その他の仏教団体（創価学会）』国家記録院、所蔵文書管理番号BA0103891、237～246ページ。

〔3〕訴願状　却下（1964年3月6日）、『その他の仏教団体（創価学会）』国家記録院、所蔵文書管理番号BA0103891、66～68ページ。

〔4〕前掲文書。

〔5〕「内務部臨時訴願委員会招集」（1964年3月6日）、『その他の仏教団体（創価学会）』国家記録院、所蔵文書管理番号BA0103891、69ページ。

〔6〕東亜日報　1962年5月15日1面

〔7〕朝鮮日報　1961年7月26日朝刊1面

〔8〕東亜日報　1963年1月14日1面

〔9〕訴状（原告創価学会代表崔圭垣／弁護士李容晩、被告内務部長官厳敏永」、『その他の仏教団体（創価学会）』国家記録院、所蔵文書管理番号BA0103891、60～65ページ。

〔10〕「弁論期日召喚状と答弁書催告状」『その他の仏教団体（創価学会）』国家記録院、所蔵文書管理番号BA0103891、58～59ページ。

〔11〕「創価学会の行政訴訟についての展望（伝言通信文）」、『その他の仏教団体（創価学会）』国家記録院、所蔵文書管理番号BA0103891、57ページ。

〔12〕証人選定依頼（答申）（1964年8月27日）、『その他の仏教団体（創価学会）』国家記録院、所蔵文書管理番号BA0103891、49～54ページ。

〔13〕東亜日報　1965年3月3日3面。

〔14〕朝鮮日報　1965年3月4日7面。

〔15〕京郷新聞　1966年10月25日3面

〔16〕京郷新聞　1966年10月25日3面

〔17〕東亜日報　1966年10月27日：ソウル新聞　1966年10月27日。

〔18〕中央日報　1966年10月27日。

〔19〕京郷新聞　1965年7月14日6面。

〔20〕毎日新聞　1965年3月23日。
〔21〕京郷新聞　1965年4月10日7面。
〔22〕申東濈、1996、『今日の韓国政治と6・3世代』ソウル、図書出版イェムン288～289ページ。金三雄、2005、『宗教、近代の道を問う―事件で見る韓国の宗教史』、人物と思想社、123～128ページ。
〔23〕韓批連は「韓日協定批准反対各大学連合体」の略語。申東濈、前掲書、1996、262ページ。

第七章

〔1〕趙誠倫、2010、「天理教を通じて見た韓日宗教100年の交渉、『韓国と日本100年』、韓国社会史学会・ソウル大学日本研究所共同学術大会発表文、2010年10月8日、ソウル大学
〔2〕倭寇は13～16世紀の高麗末期、朝鮮初期に朝鮮半島と中国海岸で略奪をした日本の海賊を指す。後期倭寇の場合一時、日本人と中国、朝鮮の流民が入り混じったりもした。
〔3〕趙誠倫、2010、「開港初期ソウル地域民衆の近代的国民意識形成過程と反日意識」、韓日関係史論集編纂委員会編、『韓国近代国家樹立と韓日関係』、京仁文化社、104～110ページ。
〔4〕金成玟、2014、『戦後韓国と日本文化―「倭色」禁止から「韓流」まで』、岩波書店。

〔5〕金成玟、前掲書、30〜32ページ。
〔6〕京郷新聞　1955年6月30日1面　社会記事。
〔7〕東亜日報　1958年8月3日6面　論壇。
〔8〕金成玟、前掲書。
〔9〕李俊植、2002、前掲書、197ページ。
〔10〕趙誠倫、2003、「朝鮮前期の異端排斥運動 - 神社放火事件と儒生集団」、『韓国社会史研究 - 禾陽愼鏞廈教授定年記念論叢』、ナナム出版。
〔11〕趙誠倫、2017、「李承晩大統領の浄化談話と比丘僧の浄化運動」、未刊行原稿。

著者 略歴
趙誠倫（チョ・ソンユン）
1954年、ソウル生まれ、延世大学社会学科で博士号を取得。
1985年から2020年まで済州大学校社会学科教授、現在は名誉教授。
著書は『創価学会と在日韓国人』、『宿命転換の贈り物 : 創価学会会員になった在日韓国人の物語』（共著）、『1964 ある宗教の物語』、『南洋群島 : 大日本帝国の太平洋島支配と挫折』、『南洋の島に生きる : 朝鮮人マツモトの回顧録』、『南洋群島の朝鮮人』等。

翻訳者 略歴
金美廷（キム・ミジョン）
1964年、済州生まれ。済州大学国語教育科卒業。
趙誠倫の研究書専用の出版社、堂山書院の代表。エッセイスト。
『宿命転換の贈り物 : 創価学会会員になった在日韓国人の物語』（共著）
エッセイ『隠れた郵便ポスト』

韓国1964年　創価学会の話

2024年9月25日　初版第1刷印刷
2024年9月30日　初版第1刷発行

著　者　趙　誠倫
訳　者　金　美廷
発行所　論 創 社
東京都千代田区神田神保町 2-23　北井ビル
tel. 03（3264）5254　fax. 03（3264）5232　https://ronso.co.jp
振替口座　00160-1-155266
翻訳協力／伊賀山直樹　装幀／菅原和男
印刷・製本／中央精版印刷　組版／フレックスアート
ISBN978-4-8460-2404-8　